GUTE IDEEN BRINGEN SPASS AUF DEN TELLER

falkemedia

Leichte Küche

Low-Carb-Rezepte für Thermomix®

1. Auflage
falkemedia GmbH & Co. KG

Von den Machern der

HINWEIS Thermomix®, TM5® und Varoma® sowie die Produktgestaltungen des Thermomix® sind eingetragene Marken der Unternehmen der Vorwerk-Gruppe. Für die Rezeptangaben in „mein ZauberTopf" ist ausschließlich falkemedia verantwortlich. Es bestehen keine geschäftlichen Beziehungen zu Vorwerk.

INHALT

90 VEGETARISCH

132 BROT & BRÖTCHEN

14 FRÜHSTÜCK

176 DESSERTS

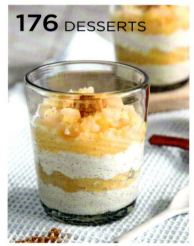

154 SALATE

72 FISCHKÜCHE

218 SMOOTHIES

REZEPTE UNTER 30 MINUTEN SIND MARKIERT!

VORWORT	7
DAS LOW-CARB-PRINZIP	8
KENNE DEINEN KÖRPER	9
LIGHT-PRODUKTE	10
MYTHEN	11
DIE CARB-AMPEL	12
ZUTATEN ERSETZEN	13
FRÜHSTÜCK	14
FLEISCH & GEFLÜGEL	36
FISCH & MEERESFRÜCHTE	72
VEGETARISCH	90
SUPPEN	112
BROT & BRÖTCHEN	132
SALATE	154
DESSERTS	176
GEBÄCK & KUCHEN	188
SNACKS	200
SMOOTHIES	218
WEIHNACHTEN	230
WOCHENPLÄNE	244
KURZANLEITUNGEN	254
REZEPTREGISTER	257
IMPRESSUM	258

VORWORT

MIT GENUSS ZU MEHR LEICHTIGKEIT

… und mit Leichtigkeit zu mehr Genuss! Wer seine Ernährung umstellen möchte, für den soll das Kochen und Backen genauso einfach und unkompliziert sein wie zuvor. Und die Ergebnisse sollen genauso lecker schmecken. Wir zeigen euch, wie abwechslungsreich ihr mit kohlenhydratarmen Zutaten und eurem Thermomix® köstliche Gerichte zaubert und wie viel Spaß es macht, sie zu genießen. Denn eins bleibt immer gleich: Gutes Essen macht glücklich! Und nur was uns glücklich macht, behalten wir bei.

Um euch den Einstieg in die Low-Carb-Ernährung besonders leicht zu machen, findet ihr ab Seite 244 vier ausgearbeitete Wochenpläne, mit denen ihr jeden Tag nicht mehr als 65 Gramm Kohlenhydrate zu euch nehmt und dabei vielseitig und gut esst. So entdeckt ihr von Tag zu Tag und von Woche zu Woche neue Zubereitungsweisen mit dem Thermomix®, neue Zutaten und ganz bestimmt auch neue Lieblingsgerichte!

Dieses umfangreiche Nachschlagewerk mit weit über 100 unserer besten Low-Carb-Rezepte von mein ZauberTopf hält für euch zuverlässig die passende Inspiration für jede Gelegenheit und für 365 Tage im Jahr bereit. Ob zum Mittagessen oder für den kleinen Hunger zwischendurch – wir haben an jeden Moment gedacht, in dem man in der Low-Carb-Küche nach Ersatz sucht. Jeder Themenrubrik geht zudem ein wertvoller Ratgeber voraus, in dem wir euch Basisrezepte und Mix-Tricks an die Hand geben.

Viel Spaß beim Mixen und viel Erfolg für das Erreichen eurer Ziele wünscht
eure mein ZauberTopf-Redaktion

DAS LOW-CARB-PRINZIP

Low Carb ist in aller Munde – die Ernährungsform ist absolut im Trend. Hier gibt's die wichtigsten Fakten auf einen Blick

DIE GRUNDIDEE

Das Problem
Ob zum Frühstück, Mittag oder Abendbrot – **Kohlenhydrate begleiten uns durch den Tag**. Denn kohlenhydratreiche Lebensmittel haben einen hohen glykämischen Index. Sie lassen also den Blutzuckerspiegel stark ansteigen. Essen wir viele Kohlenhydrate über den Tag verteilt, steigt und sinkt unser Blutzuckerspiegel ständig. Das Resultat: Heißhungerattacken. Wer denen nachgibt, über den Hunger hinaus isst und sich wenig bewegt, wird automatisch zunehmen. Und das kann langfristig gesundheitlich bedenklich sein.

Die Lösung
Hier kommt Low Carb ins Spiel: eine Ernährungsform, bei der es nicht primär ums Abnehmen geht. Die **erste Faustregel** lautet: Spart Kohlenhydrate, wo ihr könnt. Brot, Reis und Nudeln sollten weitgehend gestrichen werden. Das klingt dramatisch, ist es aber nicht: Ratzfatz ist etwa köstlicher Blumenkohlreis gehäckselt oder das Gemüse im Varoma® gegart.

Die **zweite Faustregel**: Steigert euren Fettkonsum. Ja, ihr habt richtig gehört. Denn Fett macht nicht gleich fett. Unser Körper braucht bei einer (S)Low-Carb-Ernährung Energie aus anderen Quellen. Statt schneller Energie aus Kohlenhydraten geht die Gewinnung aus Fetten langsamer voran: Der Körper verbraucht bei der Umsetzung mehr Kalorien als bei Kohlenhydraten.

 DOS!
- Gemüse und Salate
- Eiweiß aus Eiern, Fisch, Fleisch und Käse
- Fett aus Nüssen, Ölen und Kokosnüssen
- Wasser, Tees und Schorlen
- Hülsenfrüchte und Vollkorn
- Bewegung tut immer gut

 DONT'S!
- Zucker
- Stärkehaltige Lebensmittel
- Paniertes (Fleisch, Fisch, Käse)
- Saft und Limonaden
- Alkohol
- Toast und Weißmehlprodukte

SCHON GEWUSST?

Für gewöhnlich liegt die tägliche Zufuhr an Kohlenhydraten zwischen 240 und 300 Gramm. Bei einer Low-Carb-Ernährung solltet ihr diese auf unter 100 Gramm reduzieren. Die noch strengere Variante sieht eine Grenze von 70 Gramm Kohlenhydrate pro Tag vor.

SO SEID IHR ERFOLGREICH

Vier Wochen solltet ihr die Umstellung durchhalten. Findet dabei euer eigenes Maß mit unseren abwechslungsreichen Low-Carb-Gerichten. Wir machen es euch leicht! Übrigens: Ab Seite 244 haben wir vier Wochenpläne für euch zusammengestellt!

LOW ODER SLOW?

Wer sich mit Low Carb nicht wohlfühlt: Slow Carb ist eine Alternative. Hier werden nur hochwertige, „langsame" Kohlenhydrate wie Hülsenfrüchte oder Vollkorn aufgenommen, also unverdauliche Ballaststoffe, die im Magen Wasser binden, ein schnelleres, länger anhaltendes Sättigungsgefühl bewirken und den Blutzuckerspiegel weniger stark beeinflussen. Durch beide Ernährungsweisen verbessert sich der Stoffwechsel und die Pfunde purzeln!

IN DIESEM KOCHBUCH

Wir bei **mein ZauberTopf** weisen Rezepte mit bis 25 g KH pro Portion als Low Carb aus. Aufgepasst bei Snacks, Desserts und Gebäck – diese gelten nicht immer als vollwertige Mahlzeit. Smoothies hingegen ersetzen zum Beispiel das Frühstück.

KENNE DEINEN KÖRPER

Die richtige Ernährung ist nicht für alle gleich. Es gibt unterschiedliche Stoffwechsel- wie auch Körpertypen mit individuellen Bedürfnissen. Welchem Typen seid ihr ähnlich?

KÖRPERTYPEN

Ektomorph

Körperbau: Dünn, groß, kurzer Oberkörper, schmale Hüften und Schultern, lange Arme und Beine.

Eigenschaften: Verstoffwechselt Nahrung sehr schnell und setzt nur sehr langsam Muskeln und Fett an. Komplexe Kohlenhydrate wie Vollkorn und ausreichend essen sind hier die Devise!

Mesomorph

Körperbau: Durchschnittlich groß, muskulös, athletisch, langer Oberkörper, wenig Körperfett. Männer haben eine V-Form, Frauen eine X-Form.

Eigenschaften: Baut schnell Muskelmasse auf und verbrennt leicht Körperfett. Kraft- und Ausdauersport und ausgewogene Mischkost sind genau das Richtige.

Endomorph

Körperbau: Breite Schultern, eher rundlich, kaum definierte Muskeln. Körperfett sammelt sich meist an Hüfte, Bauch, Armen und Beinen.

Eigenschaften: Hat einen sehr langsam arbeitenden Stoffwechsel und nimmt leicht zu. Ausdauersport und Low-Carb-Mahlzeiten oder eine vollwertige Mischkost sind hier angesagt.

STOFFWECHSELTYPEN

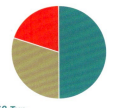

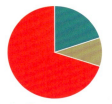
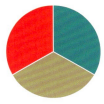

Eiweiß-Typ

Dieser Typ verarbeitet ruckzuck Kohlenhydrate. Er hat ständig Hunger, denn seine bevorzugten salzigen Nahrungsmittel (Pizza und Co.) sättigen nur kurzfristig. Das Resultat: Dieser Typ nimmt schnell zu.
Die ideale Ernährung: Kohlenhydratarme, dafür aber fett- und eiweißreiche Kost. Viel Gemüse und gesunde ungesättigte Fette aus Fisch, Nüssen oder in Form von hochwertigem Oliven- oder Leinöl. Finger weg von Zucker!

Kohlenhydrat-Typ

Heißhunger har er eher auf Süßes. Carbs verwertet er langsam; so bleibt er länger satt. Mahlzeiten fallen schon mal aus (keine Zeit, vergessen). Sein Stoffwechsel wird heruntergeschraubt und weniger Energie wird verbrannt. Das Ergebnis: „Hüftgold".
Die ideale Ernährung: Am besten komplexe Kohlenhydrate, z. B. Vollkornprodukte, Hülsenfrüchte und Kartoffeln, kombiniert mit fettarmen Eiweißquellen wie Geflügelfleisch oder weißem Fisch, Milchprodukten sowie Gemüse.

Misch-Typ

Der Appetit schwankt zwischen Süßem und Salzigem und er wechselt seine Essgewohnheiten häufig. Er hat einen durchschnittlichen Appetit und hat kaum Probleme, sein Gewicht zu halten.
Die ideale Ernährung: Gleiche Menge an Kohlenhydraten, Eiweiß und guten Fetten. Natürlich kann ein Misch-Typ eher in Richtung Eiweiß-Typ oder in Richtung Kohlenhydrat-Typ tendieren – deshalb am besten einfach ausprobieren, welche Ernährung dem eigenen Körper guttut.

> Nur die wenigsten Menschen entsprechen einem konkreten Typen – die meisten sind eine Mischung aus zweien oder allen dreien. Eine professionelle und konkretere Stoffwechsel-Analyse kann anhand einer Blut- oder Speichelprobe vom Hausarzt durchgeführt werden.

LIGHT-PRODUKTE

Light-Produkte versprechen uns leichten und gesunden Genuss. Können wir dem trauen? Wir haben alle Antworten, Infos und tolle Basisrezepte für euch!

ALLES „LEICHT" MIT LIGHT-PRODUKTEN?

Damit Light-Produkte so aussehen und schmecken wie das Original, verwenden einige Hersteller Zusatzstoffe wie Emulgatoren – Stoffe, die es ermöglichen, nicht mischbare Komponenten zu einer Emulsion zu verbinden – sowie Farbstoffe, Konservierungsstoffe oder Verdickungsmittel. Aber auch Salz und bei fettreduzierten Produkten mehr Zucker kommen zum Einsatz. Diese Zusatzstoffe machen Appetit auf mehr. Man isst „leicht" mal die ganze Tüte leer. Zudem enthalten Light-Produkte durch diese Ersatzstoffe oft mehr Kalorien als herkömmliche Lebensmittel.

Light-Varianten von Joghurt, Ketchup & Co. enthalten zwar oft weniger Zucker als das Original. Doch weniger Zucker heißt nicht gleich weniger süß. Die Hersteller ersetzen Teile des Zuckers durch Süßstoffe. Diese stehen aber im Verdacht, die gesunden Darmbakterien zu reduzieren und das Diabetes-Risiko zu erhöhen. Besonders der Süßstoff Aspartam wird verdächtigt, krebserregend zu sein.

Wir empfehlen daher, auf Light-Produkte zu verzichten und Lebensmittel selbst herzustellen. Dabei könnt ihr auf die Funktionen eures Thermomix® zurückgreifen und die Rezepte in diesem Kochbuch zubereiten. Versucht beim Einkauf, möglichst unverarbeitete, zuckerfreie Basiszutaten zu wählen und diese zu verarbeiten.

LIMONADE MIT SIRUP

600 g Orangensaft mit 150 g Ahornsirup oder Agavendicksaft in den 🥣 geben und ohne Messbecher **25 Min. | 100 °C | Stufe 2** einkochen. In 2 sterile Flaschen à 200 ml füllen und abkühlen lassen. Für 1 Glas 30 ml Sirup mit 150 ml Mineralwasser auffüllen und nach Bedarf noch gecrushte Eiswürfel zugeben.

LOW-FAT-MAYONNAISE

Für 350 ml Mayonnaise 250 g fettarmen Joghurt mit je 1 Prise Salz und Pfeffer sowie 1 TL Senf im 🥣 für **2 Min. | Stufe 3** mixen. 100 g Raps- oder Olivenöl auf den Deckel gießen und in den 🥣 laufen lassen. Die Mayonnaise sofort essen oder kalt stellen und innerhalb von 1 Woche aufbrauchen.

ZUCKERFREIER KETCHUP

Für 500 ml Ketchup 2 Schalotten und 1 Knoblauchzehe in den 🥣 geben, **4 Sek. | Stufe 5** zerkleinern, mit dem 🔪 nach unten schieben. 10 g Olivenöl zufügen, **2 Min. | 100 °C | Stufe 2** andünsten. 500 g passierte Tomaten zugeben und ohne Messbecher **25 Min. | 100 °C | Stufe 2** köcheln lassen, dabei den Garkorb als Spritzschutz aufsetzen. 1 TL Currypulver, ½ TL frisch gemahlenen schwarzen Pfeffer, ½ TL Salz, 1 Msp. Ingwerpulver, 1 Msp. Chilipulver sowie 10 g Stärke zufügen und **20 Sek. | Stufe 6** verrühren. Nach Belieben abschmecken und heiß in sterile Flaschen füllen. Der Ketchup hält sich etwa 1 Monat.

„Low-Carb-Ernährung ist einseitig und deshalb ungesund!"
Im Gegenteil: Ihr nehmt durch diese Ernährungsform viele Vitamine und auch Ballaststoffe zu euch, die das Diabetes-Risiko senken und sich positiv auf die Herzgesundheit auswirken können. Ihr ernährt euch also bewusst und gesund.

„Mit kurzfristiger Low-Carb-Ernährung erzielt man langfristige Abnehmerfolge."
Low Carb sollte nie eine Diät, sondern eine dauerhafte Ernährungsumstellung sein, um eurem Körper langfristig etwas Gutes zu tun. Als kurze Diät werdet ihr euch schnell in der Jo-Jo-Falle wiederfinden.

„Gemüse und Obst haben wenig bis gar keine Kohlenhydrate!"
Gemüse und Obst enthalten weniger einfache Kohlenhydrate als etwa Weizenmehlprodukte oder Süßigkeiten. Es gibt aber auch hier ein paar „Kohlenhydratbomben". Getrocknete Bohnen enthalten etwa 63,2 g KH auf 100 g. Eine gute Übersicht bietet unsere Carb-Ampel auf Seite 12.

DIE GRÖSSTEN MYTHEN

Wir räumen auf mit den häufigsten Irrtümern zur Low-Carb-Ernährung

„Kohlenhydrate sind tabu!"
Pauschal trifft das nicht zu. Kohlenhydrate sind ein wichtiger Bestandteil unserer Ernährung, sie übernehmen viele Funktionen im Körper. Daher ist es wichtig, dass wir eine ausreichende Zufuhr gewährleisten, wobei aber die Art der Kohlenhydrate eine Rolle spielt.

Sinnvoll ist es, auf schnell verwertbare Kohlenhydrate, die beispielsweise in Süßigkeiten, gezuckerten Getränken, Weißmehl- oder Fertigprodukten stecken, zu verzichten, da sie Blutzuckerspitzen und so verstärkt Hunger auslösen. Bei übermäßigem Verzehr können sie dick machen.

Kohlenhydrate aus Vollkornprodukten liefern jedoch wichtige Nährstoffe und machen lange satt. Sie können daher auch beim Abnehmen helfen. Und in der Low-Carb-Ernährung gilt grundsätzlich: Low Carb ist nicht gleich No Carb! Eine geringe Menge kann immer Teil der Kost sein.

„Abends essen macht dick."
Die Antworten sind widersprüchlich. Ernährungswissenschaftler sind sich einig: Entscheidend ist nicht, wann gegessen wird, sondern die gesamte Energie, die über den Tag verteilt aufgenommen bzw. verbraucht wird. Wer mehr Energie zu sich nimmt, als er verbraucht, nimmt zu, egal ob das morgens, mittags, abends oder nachts geschieht.

„Es gibt keine Alternativen zu Brot und Nudeln!"
Der beste Gegenbeweis ist dieses Buch! Rezepte mit Brot aus Mandelmehl, Zoodles mit Garnelen oder köstlicher Blumenkohlreis sind tolle, schmackhafte Alternativen.

ANTEIL DER KOHLENHYDRATE
- hoch
- mittel
- niedrig

DIE CARB-AMPEL

Manche Lebensmittel enthalten mehr Kohlenhydrate, als man denkt: Unsere Tabelle zeigt die versteckten Carb-Fallen

GEMÜSE	KH
weiße Bohnen, getr.	63,2 g
Linsen, getr.	60,1 g
Süßkartoffeln	27,2 g
Kichererbsen (Dose)	23,1 g
Mais	18,7 g
Erbsen	17,3 g
Kartoffeln	16,9 g
Pastinaken	14,8 g
Artischocken	13,4 g
Rote Bete	10,5 g
Paprika, rot	9,9 g
Karotten	9,9 g
Paprika, gelb	8,9 g
Grüne Bohnen	8,6 g
Rosenkohl	7,7 g
Weißkohl	7,2 g
Grünkohl	6,7 g
Porree	6,1 g
Kürbis	6,8 g
Zwiebeln	6,3 g
Rotkohl	6,0 g
Wirsing	5,7 g
Brokkoli	5,7 g
Blumenkohl	5,2 g
Chicorée	5,2 g
Kohlrabi	5,2 g
Fenchel	5,0 g
Paprika, grün	4,9 g
Tomaten	3,9 g
Auberginen	3,9 g
Mangold	3,3 g
Radieschen	3,6 g
Spargel	3,4 g
Zucchini	3,4 g
Salatgurken	2,7 g
Feldsalat	2,6 g
Kopfsalat	2,5 g
Spinat	2,4 g

GETREIDE & CO.	KH
Cornflakes	83,7 g
Grünkernmehl	82,8 g
Buchweizenmehl	81,1 g
Knäckebrot	80,8 g
Reis	79,8 g
Bulgur	79,2 g
Paniermehl	78,8 g
Maisgrieß (Polenta)	78,8 g
Roggenmehl	77,5 g
Vollkornreis	76,3 g
Amarant	75,8 g
Maismehl	75,7 g
Hartweizennudeln	75,6 g
Weizenmehl Type 405	75,1 g
Buchweizen	74,7 g
Roggenvollkornmehl	74,1 g
Hirse	73,4 g
Eiernudeln	73,3 g
Dinkelmehl Type 630	72,6 g
Vollkornnudeln	72,1 g
Dinkelvollkornmehl	71,9 g
Quinoa	69,6 g
Weizenvollkornmehl	69,5 g
Früchtemüsli	69,5 g
Haferflocken	69,2 g
Schokomüsli	67,8 g
Kokosmehl	55,0 g
Fladenbrot	52,1 g
Weizentoast	51,3 g
Pumpernickel	48,7 g
Roggenbrot	48,0 g
Croissant	47,4 g
Vollkornbrot	46,9 g
Mandelmehl	14,1 g
Konjak-Nudeln	6,0 g

OBST	KH
Datteln	73,7 g
Bananen	22,0 g
Granatäpfel	18,3 g
Weintrauben	16,8 g
Äpfel	16,4 g
Birnen	15,2 g
Süßkirschen	15,2 g
Feigen	14,9 g
Mangos	14,2 g
Ananas	13,8 g
Quitten	13,2 g
Honigmelonen	13,1 g
Kiwis	13,0 g
Sauerkirschen	11,0 g
Heidelbeeren	10,9 g
Pfirsiche	10,6 g
Orangen	10,5 g
Stachelbeeren	10,0 g
Himbeeren	9,5 g
Brombeeren	9,4 g
Papayas	9,0 g
Wassermelonen	8,5 g
Johannisbeeren	8,3 g
Grapefruits	8,0 g
Avocados	7,7 g
Erdbeeren	7,5 g
Zitronen	4,5 g
Limetten	2,9 g

GETRÄNKE	KH
Cola	11,0 g
Limonade	11,0 g
Apfelsaft	11,0 g
Orangensaft	9,0 g

MILCHPRODUKTE	KH
Fruchtbuttermilch	21,7 g
Kakao	21,6 g
Sahnejoghurt	14,1 g
Fruchtjoghurt 3,5 %	16,0 g
Milch 3,5 %	4,7 g
Naturjoghurt 3,5 %	4,4 g
Buttermilch	4,0 g
Dickmilch	4,0 g
Kefir	3,6 g
Magerquark	3,2 g
Naturjoghurt 1,5 %	2,7 g
Sahnequark	2,6 g
Frischkäse Natur	2,6 g
Schmand	2,4 g
Körniger Frischkäse	1,0 g

SPIRITUOSEN	KH
Weißwein, lieblich	5,9 g
Bier, alkoholfrei	5,4 g
Sekt, trocken	5,1 g
Bier, Pils	3,1 g
Weizenbier	3,0 g
Bier, hell	2,9 g
Bier, dunkel	2,8 g
Apfelwein	2,6 g
Weißwein, halbtrocken	2,6 g
Wein, rot und rosé, trocken	2,4 g
Weißwein, trocken	0,1 g
Klare Spirituosen, Wodka, Gin, Rum	0 g

Alle Angaben pro 100 g/ml

PERFEKTES FRÜHSTÜCK

Schon morgens schlemmen, was lange satt und glücklich macht. Das geht mit dem Thermomix® so einfach wie nie

FRUCHTJOGHURT

Die meisten Joghurtsorten aus dem Supermarkt sind echte Zuckerfallen. Dabei ist es mit dem Thermomix® so leicht, einen leckeren und viel gesünderen Fruchtjoghurt selbst zu mixen. Ihr könnt dafür Obst nach Belieben verwenden.

Für 4 Portionen Erdbeerjoghurt:
250 g Erdbeeren, frische oder aufgetaute TK-Ware, in den ⌂ geben, **20 Sek. | Stufe 6** zerkleinern. Mit dem Spatel nach unten schieben. 500 g fettarmen Joghurt zufügen, **10 Sek. | Stufe 4** verrühren.
> **TIPP** Für Stücke vor dem Verrühren noch 50–100 g Erdbeeren zugeben.

MÜSLI-ALTERNATIVE

Müsli zum Frühstück ist so schön schnell und unkompliziert, ein Glück, dass ihr darauf auch bei einer Low-Carb-Ernährung nicht verzichten müsst. Statt Getreide wie Haferflocken verwendet ihr Nüsse wie Walnüsse, Mandeln oder Haselnüsse und gern auch Kerne und Samen wie Sonnenblumen- und Kürbiskerne, Sesam, Floh- und Leinsamen. Mischt sie nach Belieben. Eine tolle Ergänzung sind Kokosflocken oder reines Kakaopulver. Vorsicht bei Trockenfrüchten, die haben zu viel Zucker! Greift lieber zu frischen Früchten. Für zusätzliche Süße verwendet nach Bedarf Stevia oder Erythrit. Müsli lässt sich wunderbar sowohl klassisch mit Milch, veganen zuckerfreien Drinks oder Joghurts kombinieren.

NÜSSE ZERKLEINERN

200 g Nüsse in den ⌂ geben und hacken

2 SEK. | STUFE 5

CREMIGES MANDELMUS

400 g geschälte Mandeln auf ein mit Backpapier belegtes Blech geben, im vorgeheizten Ofen bei 180 °C Ober-/Unterhitze 15 Min. rösten. Herausnehmen, abkühlen lassen. Im ⌂ **30 Sek. | Stufe 10** mahlen. Mit dem ⌂ nach unten schieben und zweimal **20 Sek. | Stufe 6** mixen. Hin und wieder mit dem ⌂ nach unten schieben. Zweimal **10 Sek. | Stufe 6** mixen, bis die Konsistenz cremig ist und Öl austritt. 1 Prise Salz zugeben. Ergibt 1 Glas à 400 ml. 1 Jahr haltbar.

EIER AUF DEN PUNKT

Mit ihrer geringen Menge an Kohlenhydraten und hohem Gehalt an Eiweiß sind Eier der Low-Carb-Hit schlechthin. Dadurch halten sie lange satt und liefern dabei noch eine Menge Energie. Ihr könnt sie gekocht, pochiert, gebraten oder als Omelett genießen. Der Thermomix® hilft euch bei der Zubereitung. Tipp für Nutzer des TM6: Der TM6 bietet euch ein Automatikprogramm zum Eierkochen!

500 g Wasser in den 🥣 geben, **30 Min. | Varoma® | Stufe 2** einstellen. Bis zu 25 Eier finden gleichzeitig in Varoma® und Garkorb Platz. Auch euer Omelett wird so perfekt auf den Punkt gebracht! Dafür den Einlegeboden des Varoma® mit Garpapier auslegen.

6 EIER IM GARKORB

weich gekocht	hart gekocht
13 Min.	16 Min.

OMELETT AUS 5 EIERN

pur	verfeinert
20 Min.	25 Min.

MOTIVATIONS-TIPP

Mit einem guten Gefühl in den Tag zu starten ist wichtig. Gönnt euch deshalb gleich morgens zum Frühstück schon Genuss ganz ohne Verzicht. Dadurch legt ihr den Grundstein für Erfolg. Ihr bleibt motiviert und glücklich!

BROT ERLAUBT

Tolle Neuigkeiten: Auch bei Low Carb braucht ihr nicht auf das geliebte Brot zu verzichten! Ab Seite 134 findet ihr köstliche Low-Carb-Brot-Rezepte.

Doch nicht nur das Brot an sich ist entscheidend, sondern auch das, was drauf kommt. Klassische proteinreiche Aufstriche wie Frischkäse, Quark und Beläge wie Käse, aber auch Wurst und Ei sind leckere und dabei auch kohlenhydratarme Sattmacher.

Richtig luxuriös gestaltet ihr eure Brotzeit mit gesunden Fetten aus Avocado, Lachs oder Mandelmus (Rezept links). Diese Lebensmittel schmecken köstlich, stärken zudem die Nerven und sorgen für einen guten Stoffwechsel. Wer es lieber süß mag, zaubert sich flink einen geeigneten Schokoaufstrich wie auf Seite 132.

VOLLER GESCHMACK STATT VERZICHT!

GUTER START

PORRIDGE MIT BEEREN

PRO PORTION: 412 KCAL | 16 G E | 24 G F | 25 G KH
ZUTATEN FÜR 4 PERSONEN

- 40 g Leinsamen
- 100 g Mandelkerne
- 20 g zarte Haferflocken
- 800 g Milch
- 1 Prise Salz
- 1 Msp. Zimtpulver
- 500 g gemischte Beeren (Blaubeeren, Brombeeren), je nach Größe halbiert
- 20 g Kokosblütenzucker

1 | Leinsamen in den ⌒ geben und **15 Sek. | Stufe 10** zerkleinern. Die Mandeln zufügen und **3 Sek. | Stufe 6** zerkleinern. Dann **5 Min. | Varoma® | Stufe 0,5** erhitzen.

2 | Die Haferflocken, Milch, Salz sowie Zimt zugeben und **5 Min. | 100 °C | Stufe 2** kochen.

3 | Die Hälfte der Beeren zufügen und **4 Sek. | Stufe 3** unterrühren. Das Porridge umfüllen und 8 Min. quellen lassen. Das Porridge mit den restlichen Beeren sowie Kokosblütenzucker bestreuen und servieren.

FRÜHSTÜCK

CHIA-MANDELMILCH-PUDDING MIT OBSTPÜREE

PRO PORTION: 209 KCAL | 7 G E | 12 G F | 24 G KH
ZZGL. 30 MIN. ZIEHZEIT
ZUTATEN FÜR 4 PERSONEN

- 80 g Chiasamen
- 400 g Mandelmilch
- Saft von ½ Limette
- 4 TL Zimtpulver
- 20 g Mandelblättchen
- 450 g Birnen, in Stücken
- Mark von 1 Vanilleschote
- 40 g Honig

1 Chiasamen, Mandelmilch, Limettensaft sowie 2 TL Zimtpulver in eine Schüssel geben und verrühren. Anschließend 30 Min. im Kühlschrank ziehen lassen.

2 Kurz vor dem Verzehr die Mandelblättchen in einer beschichteten Pfanne ohne Fett leicht anrösten, abkühlen lassen. Danach den Chiapudding mit 150 g Birne, etwas Vanillemark sowie 10 g Honig in den ⌸ geben und **10 Sek. | Stufe 8** pürieren, auf 4 Schüsseln oder Gläser verteilen. Den ⌸ spülen.

3 Den restlichen Zimt, 300 g Birne, das restliche Vanillemark sowie 30 g Honig in den ⌸ geben und **20 Sek. | Stufe 8** pürieren. Das Birnenpüree auf dem Pudding verteilen. Mit den gerösteten Mandelblättchen garniert servieren.

>**TIPP** Ihr könnt den Chiapudding schon am Vortag zubereiten. Pudding und Birnenpüree dafür am Abend mixen, in verschließbare Gläser schichten und über Nacht in den Kühlschrank stellen. Im Glas eignet sich der Pudding perfekt als Frühstück fürs Büro oder für unterwegs.

FRÜHSTÜCK

PFANNKUCHENTURM MIT MASCARPONECREME

PRO PORTION: 623 KCAL | 21 G E | 56 G F | 6 G KH
ZUTATEN FÜR 4 PERSONEN

- 300 g Frischkäse
- 5 Eier
- Mark von 1 Vanilleschote
- 2 TL Zimtpulver
- 30 g Kokosmehl
- 3 EL Kokosöl

- Saft von ½ Zitrone
- 200 g Mascarpone
- 30 g Sahne
- 100 g Blaubeeren
- einige Blättchen Minze zum Garnieren

1 Frischkäse, Eier, Vanillemark, Zimt sowie Kokosmehl in den ⌑ geben und **20 Sek. | Stufe 3** vermengen. Kokosöl in einer Pfanne auf mittlerer Stufe erhitzen und aus dem Teig vorsichtig 8 gleich große Pfannkuchen ausbacken. Auf einem Teller zum Abkühlen beiseitestellen. Den ⌑ reinigen.

2 Zitronensaft, Mascarpone sowie Sahne in den ⌑ geben und **10 Sek. | Stufe 3** verrühren. Anschließend etwas Creme auf einem Pfannkuchen verstreichen, mit einem weiteren abdecken und so einen Pfannkuchen-Turm schichten. Mit Blaubeeren und etwas Minze garnieren. Nach Belieben in Stücken oder als Türmchen servieren.

> **TIPP** Anstelle von Weizenmehl verwenden wir für diese Pancakes nur etwas Kokosmehl und darüber hinaus vor allem Eier und Frischkäse. Ihr könnt auch fettreduzierten Frischkäse verwenden oder die Mascarponecreme durch einen Klecks Joghurt ersetzen.

FRÜHSTÜCK

CLOUD EGGS MIT AVOCADO

PRO PORTION: 287 KCAL | 11 G E | 20 G F | 20 G KH
ZUTATEN FÜR 4 PERSONEN

- 10 g Parmesan
- 4 Eier, getrennt
- ½ TL Salz
- Fruchtfleisch von 2 reifen Avocados, in Scheiben
- 4 Scheiben Knäckebrot
- frisch gemahlener schwarzer Pfeffer

1 Den Backofen auf 220 °C Ober-/Unterhitze vorheizen. Den Parmesan in den ⌇ geben und **5 Sek. | Stufe 10** zerkleinern, umfüllen. Den ⌇ reinigen und trocknen. Die Eiweiße mit Salz in den fettfreien ⌇ geben und unter Sichtkontakt auf **Stufe 3,5** zu Eischnee aufschlagen. Den Parmesan vorsichtig unterheben.

2 Ein Blech mit Backpapier auslegen und den Eischnee in 4 Häufchen auf das Papier geben. Mit einem Esslöffel vorsichtig 4 Mulden in die Mitte drücken. Die Eischneewolken 5 Min. im Backofen backen.

3 Anschließend jeweils ein Eigelb in die vorbereiteten Mulden geben und weitere 5 Min. backen.

4 Die Avocadoscheiben fächerartig auf die Knäckebrotscheiben geben, Cloud Eggs darauf platzieren und auf Teller verteilen. Mit etwas Pfeffer bestreuen und sofort servieren.

> **TIPP** Am besten wählt ihr Vollkorn-Knäckebrot – es hat die meisten Nährstoffe, viel Geschmack und hält lange satt.

> **CLOUD EGGS** Der Name dieser Zubereitungsart von Eiern heißt übersetzt „Wolken-Eier". Diesen Namen tragen sie, weil sie durch das aufgeschlagene und dann gebackene Eiweiß aussehen wie kleine Wolken. Im Thermomix® gelingt Eischnee wirklich hervorragend, wenn ihr darauf achtet, ihn vorab komplett fettfrei zu reinigen. Und immer bedenken: Den Rühreinsatz nicht über Stufe 4 hinaus nutzen, sonst kann er abgeworfen werden.

BANANEN-PANCAKES MIT ERDNUSSBUTTER

PRO STÜCK MIT 1 EL NUSSMUS: 149 KCAL | 7 G E | 9 G F | 10 G KH
ZUTATEN FÜR 8 STÜCK

- 400 g ungesalzene Erdnusskerne
- 10 g Erdnuss- oder Pflanzenöl
- ¼ TL Salz
- 2 reife Bananen, in Stücken

- 4 Eier
- ½ TL Zimtpulver
- 10 g Rapsöl

1 | Die Erdnüsse in den ⌑ geben und **30 Sek. | Stufe 8** zerkleinern. Mit dem ⌑ nach unten schieben und den Vorgang wiederholen.

2 | Erdnuss- oder Pflanzenöl mit Salz zufügen und alles **2 Min. | 40°C | Stufe 4** cremig rühren. In Gläser oder in eine Schüssel füllen und beiseitestellen. Den ⌑ reinigen.

3 | Für die Pancakes Bananen, Eier sowie Zimt in den ⌑ geben und **10 Sek. | Stufe 10** verquirlen. Rapsöl in einer beschichteten Pfanne erhitzen und jeweils 4 Pancakes in der Pfanne ausbacken. Mit der Erdnussbutter bestreichen und servieren.

> **TIPP** Diese Pfannkuchen kommen ohne Mehl aus. Die Erdnussbutter mixt ihr im Thermomix® blitzschnell selbst. Aufgepasst: Bitte nur ungesalzene Erdnüsse verwenden!

FRÜHSTÜCK

ERFRISCHUNGS-FRÜHSTÜCK

PRO PORTION: 306 KCAL | 23 G E | 13 G F | 24 G KH
ZUTATEN FÜR 2 PERSONEN

- 25 g Pinienkerne
- 1 kleiner Apfel, geviertelt
- 80 g Orange, in Stücken
- 120 g Grapefruit, in Stücken
- 80 g Chicorée, in Stücken
- 300 g körniger Frischkäse

1 | Die Pinienkerne in einer Pfanne ohne Fettzugabe bei mittlerer Hitze goldbraun rösten.

2 | Apfel mit Orange sowie Grapefruit in den 🥣 geben und **3 Sek. | Stufe 5** zerkleinern, mit dem 🥄 nach unten schieben. Restliche Zutaten hinzufügen und **10 Sek. |** 🔄 **| Stufe 5** mischen. Auf zwei Schüsseln verteilen, nach Belieben mit einigen Pinienkernen bestreuen und am besten sofort verzehren.

FRÜHSTÜCK

PARMESAN-OMELETT MIT WÜRSTCHEN

PRO PORTION: 700 KCAL | 48 G E | 54 G F | 7 G KH
ZUTATEN FÜR 2 PERSONEN

- 80 g Parmesan, in Stücken
- 1000 g Wasser
- 1 grüne Paprikaschote, in Würfeln
- 3 Wiener Würstchen, in Stücken
- 6 Eier
- ½ TL Salz
- 4 Prisen frisch gemahlener schwarzer Pfeffer
- ¼ TL edelsüßes Paprikapulver

1 | Parmesan in den ⌒ geben, **10 Sek.** | **Stufe 10** zerkleinern und umfüllen. Den ⌒ spülen. 500 g Wasser in den ⌒ geben. Paprika mit Wurststücken im Varoma® verteilen. Den Varoma® mit Deckel aufsetzen und alles **10 Min.** | **Varoma®** | **Stufe 1** garen.

2 | Würstchen sowie Paprika umfüllen und beiseitestellen. Den ⌒ leeren und abkühlen lassen.

3 | Anschließend Parmesan, Eier, Salz, Pfeffer sowie Paprikapulver in den ⌒ geben und **10 Sek.** | **Stufe 3** verquirlen. Backpapier passend für den Einlegeboden zuschneiden und hineinlegen, dabei die Seitenschlitze frei lassen. Den ⌒ spülen.

4 | 500 g Wasser in den ⌒ füllen, Einlegeboden in den Varoma® setzen, Eier-Mischung auf dem Einlegeboden verteilen, den Varoma® verschließen und das Omelett **20 Min.** | **Varoma®** | **Stufe 2** garen. Das Omelett mit Würstchen und Paprika auf Tellern anrichten und servieren.

> **TIPP** Esst ihr gern die luftigen Omeletts aus dem Varoma®, lohnt sich die Anschaffung der Varoma® Auflaufform aus Silikon. Ihr erhöhter Rand verhindert ein Auslaufen, die gesamte Form kann nach dem Garen an den kleinen Griffen einfach herausgehoben werden und zum Reinigen direkt in den Geschirrspüler gegeben werden. Mehr unter www.zaubertopf-shop.de

FRÜHSTÜCK

BACON-MUFFINS MIT SPINAT, ERBSEN UND EI

PRO STÜCK: 157 KCAL | 11 G E | 11 G F | 1 G KH
ZUTATEN FÜR 12 STÜCK

- 500 g kochendes Wasser
- Salz
- 100 g Erbsen (TK)
- 100 g Babyspinat
- 10 Eier
- frisch gemahlener schwarzer Pfeffer
- 18 dünne Scheiben Frühstücksspeck, halbiert

1 | Den Backofen auf 180°C Ober-/Unterhitze vorheizen. Kochendes Wasser mit ½ TL Salz in den 🍵 geben. Erbsen in den Garkorb einwiegen und diesen einhängen. Babyspinat im Varoma® verteilen und aufsetzen. Das Gemüse dann **10 Min.** | **Varoma®** | **Stufe 2** garen.

2 | Das Gemüse umfüllen und den 🍵 spülen. Die Eier mit 1 TL Salz und 3 Prisen Pfeffer in den 🍵 geben und **20 Sek.** | **Stufe 4** verquirlen.

3 | Die Mulden einer 12er-Muffinform mit jeweils 3–4 Hälften Speck auslegen und das Gemüse in jede Mulde geben. Ei-Masse über das Gemüse bis zum Rand einfüllen. Muffins in den Ofen schieben und 30 Min. backen. Warm oder kalt servieren.

> **TIPP** Eier sind richtige Power-Pakete: Mit rund 7 Gramm pro Stück sind sie sehr gute Eiweiß-Lieferanten. Eier haben wenig Kohlenhydrate, viel Eiweiß und nur etwa 154 Kilokalorien – und sind damit ein idealer Bestandteil der Low-Carb-Ernährung und ein tolles Lebensmittel für alle, die abnehmen wollen. Dank des hohen Eiweißgehalts machen sie lange satt und halten den Blutzuckerspiegel stabil – das verhindert Heißhungerattacken.

FRÜHSTÜCK

KOKOS-MANDEL-PORRIDGE MIT CHIASAMEN

PRO PORTION: 338 KCAL | 11 G E | 29 G F | 13 G KH
ZUTATEN FÜR 4 PERSONEN

- 40 g Leinsamen
- 120 g Mandelkerne
- 400 g Kokosmilch (Dose)
- 50 g Wasser
- 10 g Chiasamen zzgl. etwas mehr zum Garnieren
- 50 g Kokosraspel zzgl. etwas mehr zum Garnieren

1 Leinsamen in den 🥣 geben, **5 Sek. | Stufe 8** schroten und umfüllen. Die Mandeln in den 🥣 geben und **15 Sek. | Stufe 10** mahlen.

2 Leinsamen, Kokosmilch, Wasser, Chiasamen sowie Kokosraspel zufügen und das Porridge **8 Min. | 100°C | ↺ | Stufe 2** einkochen.

3 Kokos-Mandel-Porridge auf 4 Schälchen verteilen, mit den Chiasamen sowie Kokosraspeln garnieren und servieren.

> **TIPP** Um dem Porridge etwas mehr Biss zu verleihen, könnt ihr statt Kokosraspeln auch Kokos-Chips zum Garnieren verwenden.

KUNTERBUNTES OMELETT

PRO PORTION: 313 KCAL | 24 G E | 21 G F | 7 G KH
ZUTATEN FÜR 2 PERSONEN

- 120 g rote Paprikaschoten, in Stücken
- 60 g Karotten, in Stücken
- 100 g Tomaten, halbiert
- 10 g Sonnenblumenöl
- Blättchen von 3 Stielen Petersilie
- 2 EL Schnittlauchröllchen
- 2 Frühlingszwiebeln, in Stücken
- 6 Eier
- Salz
- frisch gemahlener schwarzer Pfeffer

1 | Das Gemüse in den geben, **5 Sek. | Stufe 5** zerkleinern und in einer Pfanne mit Sonnenblumenöl andünsten.

2 | In der Zwischenzeit die Kräuter mit den Frühlingszwiebeln im **3 Sek. | Stufe 8** zerkleinern. Die Eier mit Salz sowie Pfeffer hinzufügen und alles **10 Sek. | Stufe 8** verrühren.

3 | Zum Gemüse in die Pfanne gießen, bei kleiner Hitze stocken lassen. Das Omelett wenden, wenn es fast gestockt ist.

> **TIPP** Das Omelett kann auch auf dem Einlegeboden des Varoma® auf Backpapier gegart werden oder in einer passenden Varoma® Auflaufform.

FRÜHSTÜCK

FLEISCH & GEFLÜGEL

Für jeden Geschmack und jedes Fleisch gibt es genau die perfekt passende Zubereitung im Thermomix®!

HACKFLEISCH, SELBST GEMIXT

Frischer geht's nicht. Wenn ihr selbst Hackfleisch zubereitet, spart ihr nicht nur Geld, ihr habt auch ein qualitativ hochwertiges Produkt. Dafür 400 g Fleisch, z. B. Rind, Schwein, Wild oder Geflügel, in Stücken im Gefrierbeutel 2–3 Std. ins Gefrierfach legen. Herausnehmen, **20 Sek. | Stufe 6** zerkleinern. 1 TL Salz, 4 Prisen frisch gemahlenen schwarzen Pfeffer und nach Belieben andere Gewürze zufügen. Für ein noch feineres Ergebnis Fleisch mit dem ⟋ nach unten schieben, erneut **10 Sek. | Stufe 6** zerhacken. Möglichst sofort weiterverarbeiten.

QUALITÄT ZAHLT SICH AUS

Achtet beim Kauf von Fleisch auf dessen Herkunft. Hochwertig produziertes Fleisch aus artgerechter Haltung ist etwas teurer, überzeugt aber durch seinen viel besseren Geschmack. Aus gutem Fleisch lässt sich ein wahrer Hochgenuss auf den Teller zaubern. Das gute Gewissen lässt es noch besser schmecken. Hohe Qualität findet ihr auf Wochenmärkten oder fragt den Metzger eures Vertrauens. Schaut bei Fleisch aus dem Supermarkt auf das Bio-Siegel.

SCHONEND DAMPFGAREN

Der Varoma® ist ein wahrer Meister, wenn es darum geht, Fleisch jeder Größe und Art zart und schonend zu garen. Das ist ein erheblicher Vorteil, denn Geschmack und Saftigkeit bleiben erhalten. Je größer das Stück, desto länger die Garzeit.

RIND

1000–1500 g Rinderbraten	90 Min.
Filets und Minutensteaks	30 Min.
Geschnetzeltes	20 Min.

GEFLÜGEL

Geschnetzeltes	20 Min.
Hähnchenbrust oder Putenschnitzel je nach Dicke	25–30 Min.
ganzes Hähnchen	etwa 75 Min.

SOUS-VIDE GAREN

Keiner hält Temperaturen so gut wie der Thermomix®. Und darauf kommt es bei dieser Garmethode an. Vakuumiert das Fleisch oder gebt es in wiederverwendbare, luftdicht verschließbare Silikon-Beutel. Unterschiedlich große Exemplare in hoher Qualität bekommt ihr zum Beispiel unter www.zaubertopf-shop.de

Gart das Fleisch entweder im Garkorb mithilfe der Welle – einem speziellen Zubehörteil für den Thermomix®, das ihr auf das Mixmesser setzt – oder setzt den WunderCap® (ebenfalls www.zaubertopf-shop.de) ein: Er ist ein Ersatz für das Mixmesser. Die perfekte Gartemperatur für Rindersteak liegt bei 56–62 °C, für Geflügel sind 63–65 °C optimal.

MARINADE MIXEN

Die richtige Marinade gibt jedem Fleisch noch mehr Pep. Der Vorteil von selbst gemachter Marinade: Ihr wisst genau, was darin steckt, und könnt sie exakt auf euer Fleisch und eure Vorlieben abstimmen. Mariniertes Fleisch lässt sich perfekt im Varoma® mit untergelegtem Backpapier oder in einem Silikonbeutel garen. Verwendet als Basis z. B. 2 TL selbst gemachtes Fleischgewürz und vermengt es **10 Sek. | Stufe 3** mit 100 g nativem Olivenöl extra.

FLEISCHGEWÜRZ

12 Kardamomkapseln und 1 TL schwarze Pfefferkörner im 🥣 **20 Sek. | Stufe 8** mahlen. 1 EL rote Pfefferbeeren, 20 g edelsüßes Paprikapulver, 10 g Schwarzkümmel, ½ TL frisch geriebene Muskatnuss und 50 g Salz zufügen, weitere **20 Sek. | Stufe 8** zerkleinern und in ein Glas abfüllen.

Basis REZEPT

SELBST GEMIXT!

MARINADEN-HITS

HONIG-SENF
PAPRIKA
CHILI
KNOBLAUCH
KRÄUTER
CURRY
BARBECUE

GEWÜRZ-HARMONIE

Dunkles Fleisch wie Rind, Wild oder Lamm verträgt kräftige Gewürze wie schwarzen Pfeffer, Senf, Rosmarin, Thymian, Lorbeer, Majoran, Knoblauch, Koriander oder Wacholder.

Helles Fleisch wie Kalb, Schwein und Geflügel profitiert von weißem Pfeffer, Thymian, Salbei, Majoran, Petersilie, Kerbel, Schnittlauch oder Dill.

Besonders unkompliziert funktioniert das Würzen mit passenden Gewürzmischungen wie den Bio-Gewürzmischungen „ZauberPrise", unter anderem für Fleisch und Geflügel.

SCHWEINEMEDAILLONS MIT RAHM-SPITZKOHL UND PILZEN

PRO PORTION: 667 KCAL | 46 G E | 44 G F | 12 G KH
ZUTATEN FÜR 4 PERSONEN

- 2 TL getrockneter Majoran
- 2 TL Koriandersaat
- 2 TL Salz
- ½ TL schwarze Pfefferkörner
- Blättchen von 2 Bund Petersilie
- 2 Zwiebeln, halbiert
- 80 g Rapsöl
- 800 g Spitzkohl, in Stücken

- 600 g Schweinefilet, in 12 Medaillons geschnitten
- 6 TL mittelscharfer Senf
- 200 g Wasser
- 2 TL Gemüse-Gewürzpaste
- 200 g Sahne
- 600 g braune Champignons, geviertelt
- frisch gemahlener schwarzer Pfeffer

1 | Majoran, Koriander, 1 TL Salz sowie die Pfefferkörner in den ⌑ geben, **20 Sek.** | **Stufe 10** zerkleinern und umfüllen. Die Petersilie in den ⌑ geben, **10 Sek.** | **Stufe 6** zerkleinern und ebenfalls umfüllen.

2 | Die Zwiebeln mit der Gewürzmischung in den ⌑ geben, **6 Sek.** | **Stufe 4** zerkleinern und mit dem ⌇ nach unten schieben. 40 g Öl mit dem Spitzkohl zufügen und **5 Min.** | **100 °C** | ⌑ | **Stufe 1** dünsten. Mit dem ⌇ umrühren und weitere **5 Min.** | **100 °C** | ⌑ | **Stufe 1** dünsten.

3 | Inzwischen das Fleisch etwas flacher drücken, mit ½ TL Salz würzen und in einer heißen beschichteten Pfanne mit 20 g Öl auf jeder Seite etwa 30 Sek. hellbraun anbraten. Die Schweinemedaillons in den Varoma® und Einlegeboden setzen, mit je ½ TL Senf bestreichen und den Varoma® verschließen. Den Bratensatz in der Pfanne mit Wasser, Gewürzpaste und Sahne ablöschen und aufkochen.

4 | Die Soße aus der Pfanne in den ⌑ füllen, den Varoma® aufsetzen und alles **13 Min.** | **Varoma®** | ⌑ | **Stufe 1** garen. Die Pfanne spülen. Die Pilze darin in 20 g heißem Öl hellbraun braten, mit je ½ TL Salz und Pfeffer würzen.

5 | Den Varoma® absetzen, den Spitzkohl mit Salz abschmecken und auf einer Platte anrichten. Die Pilze darüber verteilen, die Schweinemedaillons daraufsetzen, mit Petersilie bestreuen und servieren.

> **TIPP** Fleisch und Gemüse sind die perfekte Low-Carb-Kombi. Idealerweise bereitet ihr die Komponenten wie hier schonend im Varoma® zu, sodass der Geschmack und die Konsistenz der Zutaten erhalten bleibt. Das Fleisch gart im Varoma® himmlisch zart, der Spitzkohl verkocht bei konstanter Temperatur im ⌑ nicht. Wirklich genial!

FLEISCH & GEFLÜGEL

HÜHNERFRIKASSEE MIT KOHLREIS

PRO PORTION: 407 KCAL | 36 G E | 19 G F | 23 G KH
ZUTATEN FÜR 4 PERSONEN

- Blättchen von 3 Stielen Petersilie
- 250 g Blumenkohl, in Röschen
- 250 g Brokkoli, in Röschen
- 1 TL Salz
- 2 Lorbeerblätter
- 500 g Hähnchenbrustfilets, in mundgerechten Stücken
- 250 g Karotten, in Scheiben
- 50 g Butter, in Stücken
- 50 g Mehl Type 405
- 100 g Cashewsahne
- 1 TL Gemüse-Gewürzpaste
- 1 TL Sojasoße
- 1 TL Worcestersoße
- ¼ TL frisch gemahlener schwarzer Pfeffer

1 | Die Petersilie in den ⌒ geben, **3 Sek.** | **Stufe 8** zerkleinern und umfüllen. Den Blumenkohl im ⌒ **3 Sek.** | **Stufe 5** zerkleinern und umfüllen. Den Brokkoli ebenfalls im ⌒ **3 Sek.** | **Stufe 5** zerkleinern, zum Blumenkohl geben.

2 | Wasser, Salz sowie Lorbeerblätter in den ⌒ geben und **8 Min.** | **100°C** | ↻ | **Stufe 1** aufkochen. Garkorb einhängen, das Fleisch hineingeben und den Varoma® aufsetzen. Die Karotten in den Varoma® einwiegen. Brokkoli und Blumenkohl auf dem Einlegeboden verteilen. Den Varoma® verschließen und alles **16 Min.** | **Varoma®** | ↻ | **Stufe 1** garen.

3 | Den ⌒ leeren, dabei die Garflüssigkeit auffangen. Die Lorbeerblätter entfernen. Die Butter in den ⌒ geben und **3 Min.** | **100°C** | **Stufe 1** schmelzen. Mehl zufügen und **1 Min.** | **100°C** | **Stufe 2** anschwitzen.

4 | 600 g Garflüssigkeit, Cashewsahne, Gewürzpaste, Soja- und Worcestersoße sowie Pfeffer zugeben, **10 Sek.** | **Stufe 8** rühren und **5 Min.** | **100°C** | **Stufe 2** aufkochen. Das Fleisch mit der Petersilie zufügen, **3 Min.** | **100°C** | ↻ | ⌓ erwärmen. Die Karotten zugeben, **1 Min.** | **100°C** | ↻ | **Stufe 1** unterrühren und das Frikassee zum Kohlreis servieren.

> **TIPP** Cashewsahne könnt ihr ganz einfach selbst zubereiten. Dafür 100 g Cashewkerne in 300 g Wasser 2 Std. einweichen lassen. Überschüssiges Wasser abgießen, 200 g frisches Wasser mit den Kernen in den ⌒ geben und **30 Sek.** | **Stufe 4–6–8** aufsteigend fein pürieren. Je nach gewünschter Konsistenz noch etwas Wasser zugeben.

> **„REIS" AUS KOHL** Wir nennen den zerkleinerten Kohl „Reis", weil die fein zerkleinerten Röschen der Kohlsorten – speziell von Blumenkohl – an Reis erinnern. Enthalten ist jedoch nichts von dem kohlenhydratreichen Getreide. Ihr könnt Brokkoli und Blumenkohl jederzeit zu Gemüse-„Reis" verarbeiten und wie solchen auch als Beilage wie das Getreide servieren.

FLEISCH & GEFLÜGEL

ZUCCHINI-HACK-LASAGNE

PRO PORTION: 607 KCAL | 41 G E | 41 G F | 18 G KH
ZUTATEN FÜR 6 PERSONEN

- 30 g natives Olivenöl extra zzgl. etwas mehr zum Braten
- 750 g Zucchini, längs in dünnen Scheiben
- 200 g Gouda, in Stücken
- Blättchen von ½ Bund Petersilie
- 1 Zwiebel, halbiert
- 1 Knoblauchzehe
- 200 g Karotte, in Stücken
- 150 g Porree, in Stücken
- 160 g Knollensellerie, in Stücken
- 800 g Rinderhackfleisch
- Salz
- frisch gemahlener schwarzer Pfeffer
- 1 TL getrockneter Oregano
- 60 g trockener Weißwein
- 800 g stückige Tomaten (Dose)
- 40 g Butter
- 1 TL Stärke
- 350 g Milch
- 100 g Wasser
- 1 TL Gemüse-Gewürzpaste
- 1 Ei
- 1 Msp. frisch geriebene Muskatnuss

1 Etwas Öl in einer Pfanne erhitzen und die Zucchinischeiben darin von beiden Seiten goldbraun anrösten. Auf Küchenpapier abtropfen lassen. Währenddessen den Käse in den ⌑ geben, **8 Sek.** | **Stufe 8** zerkleinern und umfüllen. Petersilie im ⌑ **3 Sek.** | **Stufe 8** zerkleinern und ebenfalls umfüllen.

2 Zwiebel und Knoblauch im ⌑ **4 Sek.** | **Stufe 5** zerkleinern, mit dem ⌑ nach unten schieben. Olivenöl zugeben und **3 Min.** | **Varoma®** | **Stufe 2** andünsten. Karotte, Porree sowie Sellerie zufügen und mithilfe des ⌑ für **3 Sek.** | **Stufe 4,5** zerkleinern. Weitere **6 Min.** | **100 °C** | ⌑ | **Stufe 2** dünsten.

3 Inzwischen das Hackfleisch mit etwas Öl in einer großen Pfanne krümelig anbraten. Das gedünstete Gemüse zugeben, mit 2 TL Salz, ¼ TL Pfeffer sowie Oregano würzen und mit Weißwein ablöschen. Die Tomaten sowie die Hälfte der Petersilie unterrühren und etwas einkochen lassen. Den Backofen auf 180 °C Ober-/Unterhitze vorheizen.

4 Die Butter im ⌑ **3 Min.** | **100 °C** | **Stufe 2** schmelzen. Stärke zugeben und **1 Min.** | **100 °C** | **Stufe 2** anschwitzen. Milch, Wasser, Gewürzpaste, Ei, Muskat, ½ TL Salz sowie 2 Prisen Pfeffer zufügen und **4 Sek.** | **Stufe 8** verrühren. Dann **7 Min.** | **100 °C** | **Stufe 3** aufkochen. 80 g Käse zugeben und **1 Min.** | **80 °C** | **Stufe 3** einrühren.

5 Ein Drittel der Hack-Gemüse-Mischung sowie der Käsesoße in eine Auflaufform (25 x 32 cm) geben und mit Zucchinischeiben belegen. Mit übriger Soße und Zucchinischeiben wiederholen, dabei mit Käsesoße abschließen. Die Lasagne mit übrigem Käse bestreuen und im Backofen etwa 30 Min. überbacken. Aus dem Ofen nehmen, kurz abkühlen lassen und mit restlicher Petersilie bestreut servieren.

> **HINWEIS** Der Trick der Low-Carb-Lasagne: Nur die Nudelplatten werden durch in Scheiben geschnittene Zucchini ersetzt. Die übrigen Bestandteile können klassisch gekocht werden.

ZITRONEN-HÄHNCHEN MIT KRÄUTERN

PRO PORTION: 253 KCAL | 37 G E | 9 G F | 6 G KH
ZUTATEN FÜR 4 PERSONEN

* Blättchen von 1 Bund gemischten Kräutern (z.B. Petersilie, Schnittlauch, Basilikum)
* 700 g Wasser
* 2 geh. TL Gemüse-Gewürzpaste
* 1 unbehandelte Zitrone
* 4 Hähnchenbrustfilets (à etwa 150 g)
* Salz
* 3 EL natives Olivenöl extra
* 3 Karotten, in schrägen Scheiben
* 200 g gelbe und rote Spitzpaprika, in Streifen
* 1 Knoblauchzehe, fein gehackt
* frisch gemahlener schwarzer Pfeffer
* 1 Prise Zucker

1 | Die Kräuter in den ⌒ geben, **3 Sek.** | **Stufe 8** zerkleinern und umfüllen. Das Wasser mit der Gewürzpaste in den ⌒ geben. Von der Zitrone die Schale in feinen Zesten abreiben und zur Seite stellen. Die Zitrone in Scheiben schneiden. Die Hähnchenbrustfilets etwas salzen, mit je 1–2 Scheiben Zitrone belegen und auf dem Einlegeboden des Varoma® verteilen. Den Varoma® aufsetzen und diesen mit dem Deckel verschließen. Dann das Fleisch **28 Min.** | **Varoma®** | **Stufe 2** garen.

2 | Inzwischen das Öl in einer Pfanne erhitzen. Karotten und Paprika darin bei mittlerer Hitze unter Wenden 5 Min. braten. 1 Min. vor Ende der Garzeit Knoblauch zufügen und das Gemüse mit 3 Prisen Salz, 3 Prisen Pfeffer sowie Zucker abschmecken.

3 | Die Hähnchenbrustfilets in den Kräutern und der Zitronenschale wenden. Das Gemüse auf Tellern anrichten und die Hähnchenbrustfilets daraufsetzen. Mit etwas Pfeffer bestreuen und mit Garflüssigkeit beträufeln. Am besten sofort servieren.

> **TIPP** Statt es zu braten, könnt ihr das Gemüse natürlich auch zeitgleich mit dem Hähnchen dampfgaren. Dazu einfach das Hähnchen in den Varoma® legen, wie in Schritt 1 beschrieben 15 Min. vorgaren und dann darüber den Einlegeboden mit dem Gemüse einsetzen und 13 Min. weitergaren.

FLEISCH & GEFLÜGEL

MEDITERRANER HACKBRATEN MIT TOPINAMBURSTAMPF

PRO PORTION: 601 KCAL | 29 G E | 45 G F | 15 G KH
ZUTATEN FÜR 8 PERSONEN

- 30 g Brot vom Vortag
- 750 g Wasser zzgl. etwas mehr zum Einweichen
- Blättchen von ½ Bund Petersilie
- Blättchen von 1 Bund Salbei
- 2 Zwiebeln, halbiert
- 2 Knoblauchzehen
- 30 g schwarze Oliven, entsteint
- 50 g getrocknete Tomaten in Öl, abgetropft
- 140 g Butter, in Stücken
- 60 g Sahnemeerrettich
- 2 Eier
- 750 g gemischtes Hackfleisch
- 250 g Mett
- Salz
- ½ TL frisch gemahlener schwarzer Pfeffer
- 1 TL rosenscharfes Paprikapulver
- 3 EL Rapsöl
- 600 g Topinambur, in Stücken
- 300 g Kartoffeln, geschält und in Stücken
- 25 g Sahne
- ½ TL frisch geriebene Muskatnuss

1 Für den Hackbraten das Brot in lauwarmem Wasser einweichen, gut ausdrücken. Petersilie mit der Hälfte der Salbeiblätter in den ⌒ geben und **2 Sek. | Stufe 8** zerkleinern, danach umfüllen.

2 Zwiebeln mit Knoblauch in den ⌒ geben, **2 Sek. | Stufe 5** zerkleinern und mit dem ⫽ nach unten schieben. Oliven mit getrockneten Tomaten zufügen, **3 Sek. | Stufe 5** zerkleinern und mit dem ⫽ nach unten schieben. 30 g Butter zugeben und alles ohne Messbecher **3 Min. | Varoma® | Stufe 1** dünsten. Kräutermischung zufügen, **30 Sek. | Varoma® | Stufe 1** mitdünsten.

3 Meerrettich, Brot, Eier, Hack, Mett, 1 ½ TL Salz, Pfeffer und Paprikapulver zugeben, mithilfe des ⫽ für **2 Min. | ⫽** vermischen. Zu einem Laib formen, 10 Min. kalt stellen. Öl auf einem Backblech verstreichen, Blech im Ofen bei 180 °C Ober-/Unterhitze auf unterster Schiene vorheizen. Braten auf das Blech legen, 1 Std. garen.

4 Währenddessen den ⌒ spülen und das Wasser hineinfüllen. Den Varoma® aufsetzen und den Topinambur einwiegen. Den Varoma® verschlossen aufsetzen und **20 Min. | Varoma® | Stufe 1** garen. Den Varoma® absetzen, den Garkorb einhängen, die Kartoffeln einwiegen und mit 2 Prisen Salz würzen. Den Varoma® aufsetzen und alles **30 Min. | Varoma® | Stufe 1** garen.

5 Den Varoma® absetzen und das Gemüse kurz ausdampfen lassen. Den Topinambur abschrecken und pellen. Den ⌒ leeren. Topinambur, Kartoffeln, Sahne, 10 g Butter, ½ TL Salz und Muskat in den ⌒ geben und **30 Sek. | Stufe 6** verrühren.

6 Hackbraten in Alufolie wickeln und 5 Min. ruhen lassen. Inzwischen restlichen Salbei mit 100 g Butter in einem kleinen Topf rösten. Hackbraten in Scheiben schneiden mit Topinamburstampf und Salbeibutter servieren.

> **TIPP** Ein Topinamburstampf (nicht im Foto) schmeckt sehr harmonisch zu diesem Hackbraten, ihr könnt aber auch andere Beilagen wie den Kohlreis von Seite 40, das Antipasti-Gemüse von Seite 48 oder den Wurzelstampf von Seite 60 dazu servieren.

FLEISCH & GEFLÜGEL

KALBSFILET MIT ANTIPASTI-GEMÜSE

PRO PORTION: 571 KCAL | 52 G E | 28 G F | 22 G KH
ZUTATEN FÜR 4 PERSONEN

- 1040 g Wasser
- 1 rote Paprikaschote, geviertelt
- 1 gelbe Paprikaschote, geviertelt
- 20 g Pinienkerne
- 30 g Weißweinessig
- Salz
- frisch gemahlener schwarzer Pfeffer
- 1 Prise Zucker
- 80 g natives Olivenöl extra
- 20 g Kapern
- 50 g schwarze Oliven
- 350 g Zucchini, längs halbiert, in Scheiben
- 250 g Fenchelknolle, in Scheiben
- 6 Kalbsmedaillons (à 120 g)
- 250 g Kirschtomaten
- 2 Zweige Rosmarin
- 3 Prisen Fleur de Sel
- Blättchen von 2 Stielen Basilikum

1 600 g Wasser in den ⌂ füllen, den Varoma® aufsetzen, die Paprika hineingeben und **18 Min. | Varoma® | Stufe 1** garen. In der Zwischenzeit die Pinienkerne in einer Pfanne ohne Fett goldbraun rösten.

2 Den Varoma® absetzen und den ⌂ leeren. Die Paprikaschoten unter fließendem Wasser abschrecken, abtropfen lassen, häuten und noch einmal längs halbieren.

3 Essig, ½ TL Salz, 2 Prisen Pfeffer, Zucker, 60 g Öl sowie 40 g Wasser in den ⌂ geben und **20 Sek. | Stufe 4** verrühren. Kapern, Oliven sowie geröstete Pinienkerne zufügen und **10 Sek. | Stufe 2** vermischen. Mit den Paprikaschoten in eine Schüssel umfüllen und mischen.

4 Übriges Wasser in den ⌂ geben, den Varoma® aufsetzen und den Rühraufsatz auf die Dampfschlitze legen, damit der Dampf zirkulieren kann. Zucchini mit dem Fenchel in den ⌂ einwiegen, mit ½ TL Salz sowie 2 Prisen Pfeffer würzen und alles **8 Min. | Varoma® | Stufe 1** garen.

5 Inzwischen den Einlegeboden so mit Backpapier auslegen, dass die oberen seitlichen Dampfschlitze frei bleiben. 20 g Öl in einer Pfanne stark erhitzen, das Fleisch mit 1 TL Salz sowie 6 Prisen Pfeffer würzen und von jeder Seite 1 Min. braten. Tomaten und Rosmarin zufügen, kurz in der Pfanne schwenken und anschließend alles auf dem Einlegeboden verteilen.

6 Den Varoma® vorsichtig öffnen und den Einlegeboden einsetzen. Den Varoma® schließen und alles weitere **10 Min. | Varoma® | Stufe 1** garen. Nach dem Ende der Garzeit das Fleisch auf dem Gemüse anrichten, mit Fleur de Sel und Basilikum bestreut servieren.

FLEISCH & GEFLÜGEL

ZOODLES MIT PAPRIKA-BOLOGNESE

PRO PORTION: 396 KCAL | 32 G E | 23 G F | 15 G KH
ZUTATEN FÜR 4 PERSONEN

- 1 Zwiebel, halbiert
- 1 Knoblauchzehe
- 20 g natives Olivenöl extra
- 20 g Tomatenmark
- 500 g Rinderhackfleisch
- 300 g rote Paprikaschote, gewürfelt
- 500 g passierte Tomaten
- 150 g Wasser
- ½ TL Gemüse-Gewürzpaste
- 1 TL Salz
- ¼ TL frisch gemahlener schwarzer Pfeffer
- 1 TL edelsüßes Paprikapulver
- ½ TL getrockneter Rosmarin
- ½ TL getrocknetes Basilikum
- 4 Zucchini
- etwas frisches Basilikum zum Garnieren

1 | Die Zwiebel mit dem Knoblauch in den ⌣ geben und **6 Sek.** | **Stufe 7** zerkleinern. Das Olivenöl zufügen und **3 Min.** | **120**°C [**TM31 bitte Varoma®**] | **Stufe 2** anschwitzen. Tomatenmark mit Hackfleisch zugeben und weitere **5 Min.** | **120**°C [**TM31 bitte Varoma®**] | ⟲ | **Stufe 1** anschwitzen. Paprika zufügen und alles **3 Min.** | **100**°C | ⟲ | **Stufe 1** dünsten.

2 | Mit passierten Tomaten und Wasser ablöschen, Gewürzpaste, Gewürze sowie Kräuter zufügen. Die Zucchini mit einem Spiralschneider zu langen Nudeln bzw. Zoodles verarbeiten. Zoodles im Varoma® verteilen. Den Varoma® mit geschlossenem Deckel aufsetzen und die Bolognese sowie die Zoodles **15 Min.** | **Varoma®** | ⟲ | **Stufe 1** garen.

3 | Zoodles mit der Bolognese auf Tellern anrichten und mit etwas Basilikum garniert servieren.

> **TIPP** Gemüsenudeln sind ideal für alle, die auf ihre Figur achten oder sich einfach nur gesund ernähren wollen. Mehr Low Carb geht fast nicht! Zucchini ist die bekannteste Sorte für Gemüsenudeln – aus dem „Z" von Zucchini und dem englischen Wort „noodles" für Nudeln ist übrigens der Name Zoodles entstanden. Da Zucchini viel Wasser enthalten, braucht ihr dazu weniger Soße.

FLEISCH & GEFLÜGEL

HÜTTENKÄSETALER MIT TOMATEN UND STEAKS

PRO PORTION: 748 KCAL | 74 G E | 45 G F | 11 G KH
ZUTATEN FÜR 4 PERSONEN

- 60 g Parmesan, in Stücken
- 100 g Mandelkerne
- Blättchen von ½ Bund Petersilie
- ½ Zwiebel
- 20 g Rapsöl
- 400 g körniger Frischkäse
- 4 Eier
- Salz
- frisch gemahlener schwarzer Pfeffer
- ½ TL Oregano, getrocknet
- ½ Bund Schnittlauch, in Röllchen
- 250 g Kirschtomaten, halbiert
- 4 Rindersteaks (à 200 g)
- Nadeln von 4 Zweigen Rosmarin

1 Den Backofen auf 220 °C Ober-/Unterhitze vorheizen. Den Parmesan in den 🥣 geben und **8 Sek. | Stufe 10** zerkleinern, umfüllen. Die Mandeln in den 🥣 geben, **15 Sek. | Stufe 10** fein mahlen und umfüllen. Die Petersilie in den 🥣 geben und **4 Sek. | Stufe 8** zerkleinern. Umfüllen und den 🥣 spülen.

2 Zwiebel in den 🥣 geben und **3 Sek. | Stufe 7** zerkleinern. Mit dem 🔪 nach unten schieben. 10 g Öl zufügen und **3 Min. | 100 °C | Stufe 2** andünsten. Gemahlene Mandeln, Parmesan, Petersilie, körnigen Frischkäse, Eier, 2 Prisen Salz, 1 Prise Pfeffer, Oregano sowie Schnittlauch zugeben und alles **10 Sek. | ↻ | Stufe 2** vermengen. Die Tomaten mit dem 🔪 unterheben.

3 Aus der Masse mit einem Esslöffel etwa 20 kleine Häufchen auf ein mit Backpapier ausgelegtes Blech setzen (dabei noch ausreichend Platz für die Steaks lassen), im vorgeheizten Ofen 8–10 Min. vorbacken.

4 Währenddessen die Rindersteaks trocken tupfen, jeweils mit 2 Prisen Salz und 1 Prise Pfeffer würzen. Restliches Öl in eine Grill-Pfanne geben und auf höchster Stufe erhitzen. Sobald die Pfanne richtig heiß ist, jedes Steak von jeder Seite 2 Min. scharf anbraten, ohne es dabei zu bewegen. Sobald sich ein grauer Rand gebildet hat, kann das Steak gewendet werden. Jedes Steak mit ein paar Nadeln Rosmarin in ein Stück Alufolie wickeln.

5 Die Steaks zu den Talern in den Backofen geben und alles zusammen noch 8–10 Min. garen. Die Steaks in Streifen schneiden und mit den Hüttenkäsetalern servieren.

> **TIPP** Dieses Rezept ist eine wahre Eiweiß- bzw. Proteinbombe. Das perfekte Mittagsgericht, wenn ihr euch vorher viel bewegt habt oder beim Sport wart. Proteine helfen eurem Körper beim Muskelaufbau, die Muskeln wiederum benötigen viel Energie. Je mehr Muskeln man aufbaut, desto mehr zugeführte Kalorien werden also verbraucht.

FLEISCH & GEFLÜGEL

ZUCCHINI-QUICHE MIT SCHINKENWÜRFELN

01 | 10
std : min

PRO STÜCK: 443 KCAL | 24 G E | 36 G F | 7 G KH
ZZGL. 1 STD. KÜHLZEIT
ZUTATEN FÜR 8 STÜCKE

- 150 g Sojamehl zzgl. etwas mehr zum Bearbeiten
- 50 g Mandelmehl
- 75 g kalte Butter in Stücken, zzgl. etwas mehr zum Fetten der Form
- 1 Eigelb
- etwas kaltes Wasser
- Salz
- Blättchen von 5 Stielen Petersilie
- 200 g Frischkäse
- 2 Eier
- 200 g Sahne
- 3 Prisen frisch gemahlener schwarzer Pfeffer
- 1 Msp. frisch geriebene Muskatnuss
- 100 g Gratinkäse
- 300 g Zucchini, in dünne Scheiben gehobelt
- 200 g Schinkenwürfel

1 Für den Teig beide Mehlsorten, Butter, Eigelb, 1–2 EL kaltes Wasser sowie 1 Prise Salz in den ⌣ geben und **20 Sek. | Stufe 4** vermengen. Bei Bedarf löffelweise weiteres eiskaltes Wasser zufügen und noch einige Sek. verrühren. Den Teig zu einer Kugel formen und in Frischhaltefolie gewickelt 1 Std. kalt stellen. Den ⌣ reinigen.

2 Backofen auf 180 °C Ober-/Unterhitze vorheizen. Die Petersilie in den ⌣ geben und **2 Sek. | Turbo** zerkleinern. Frischkäse, Eier, Sahne, 4 Prisen Salz, Pfeffer sowie Muskatnuss zufügen und **10 Sek. | Stufe 3,5** verquirlen.

3 Eine Tarteform (Ø 26 cm) mit Butter ausstreichen und mit etwas Mehl bestäuben. Den Teig mit dem Nudelholz auf der bemehlten Arbeitsfläche etwas größer als die Form ausrollen, in die Form legen und dabei einen etwa 2 cm hohen Rand formen. Den Teigboden mehrfach mit einer Gabel einstechen, damit er beim Backen gleichmäßig aufgeht. Den Boden mit der Hälfte des Gratinkäses bestreuen. Die Zucchinischeiben einschichten und die Schinkenwürfel darauf verteilen.

4 Die Eiermischung gleichmäßig darübergießen und alles mit dem übrigen Käse bestreuen. Die Quiche etwa 45 Min. im Ofen backen, bis die Oberfläche leicht gebräunt ist. Dann herausnehmen und 5 Min. ruhen lassen. Vom Rand lösen, in Stücke schneiden und servieren.

> **TIPP** Die Quiche eignet sich gut für Meal Preppping. Ihr könnt die fertige Quiche im Kühlschrank lagern, einzelne Stücke mitnehmen und sie kalt oder in der Mikrowelle erwärmt genießen.

TOMATE-MOZZARELLA-HÄHNCHEN MIT BROKKOLISALAT

00 | 50 std : min

PRO PORTION: 943 KCAL | 58 G E | 72 G F | 19 G KH
ZUTATEN FÜR 4 PERSONEN

- 30 g Parmesan
- 1½ Bund Basilikum
- 1 Knoblauchzehe
- Salz
- frisch gemahlener schwarzer Pfeffer
- 70 g natives Olivenöl extra
- 150 g Schmand
- 1 Spritzer Zitronensaft
- 500 g Wasser
- 4 Hähnchenbrustfilets (à 180 g)
- 2 Tomaten, in Scheiben
- 2 Kugeln Mozzarella (à 125 g), in Scheiben
- 30 g Pinienkerne
- Blättchen von 4 Stielen Petersilie
- Blättchen von 3 Stielen Oregano
- 60 g getrocknete Tomaten in Öl, abgetropft
- 250 g Brokkoli, in Röschen
- 1 rote Paprikaschote, in Stücken
- 20 g heller Balsamicoessig
- 1 TL Honig
- 1 TL mittelscharfer Senf
- 120 g Kirschtomaten, halbiert
- 3 Frühlingszwiebeln, in Ringen

1 Den Parmesan in den ⌒ geben und **10 Sek. | Stufe 10** zerkleinern, umfüllen. Blättchen von 3 Zweigen Basilikum in Streifen schneiden. Restliche Basilikumblättchen abzupfen und mit dem Knoblauch im ⌒ **2 Sek. | Turbo** zerkleinern.

2 Danach ¼ TL Salz, 2 Prisen Pfeffer sowie 40 g Öl zufügen und **5 Sek. | Stufe 4** zu einer Paste vermischen. Mit dem ⌇ nach unten schieben und Vorgang wiederholen. Parmesan, Schmand und Zitronensaft zugeben, **8 Sek. | Stufe 3** verrühren. Den Dip umfüllen und in den Kühlschrank stellen. Den ⌒ spülen.

3 Wasser in den ⌒ füllen. Filets von beiden Seiten salzen und pfeffern. Abwechselnd mit Tomaten- und Mozzarellascheiben belegen, im Varoma® und auf dem Einlegeboden verteilen. Den Varoma® verschließen, aufsetzen und das Fleisch **20 Min. | Varoma® | Stufe 2** dämpfen. In den letzten Minuten den Backofengrill vorheizen.

4 Die Filets auf ein mit Backpapier ausgelegtes Backblech legen und für 3–5 Min. unter dem Grill backen (bis der Mozzarella leicht gebräunt ist). Währenddessen den ⌒ reinigen.

5 Backofen ausschalten. Das Fleisch darin warm halten. Nun die Pinienkerne in einer Pfanne ohne Fett bei mittlerer Hitze anrösten, beiseitestellen. Petersilie mit Oregano im ⌒ **2 Sek. | Turbo** zerkleinern. Getrocknete Tomaten zufügen und **3 Sek. | Stufe 6** grob hacken. Brokkoli sowie Paprika ebenfalls in den ⌒ geben und alles **3 Sek. | Stufe 4** zerkleinern.

6 In einer Schüssel übriges Öl, Balsamicoessig, ¼ TL Salz, 3 Prisen Pfeffer, Honig und Senf mithilfe einer Gabel verrühren. Tomaten und Frühlingszwiebeln mit dem Dressing zum Salat in den ⌒ geben, mithilfe des ⌇ vermengen. Hähnchen aus dem Backofen nehmen, mit Salat und Dip anrichten. Mit den Pinienkernen und den Basilikumstreifen garniert servieren.

FLEISCH & GEFLÜGEL

PUTEN-KOKOS-CURRY

PRO PORTION: 558 KCAL | 29 G E | 44 G F | 12 G KH
ZUTATEN FÜR 4 PERSONEN

- 1 kleine Zwiebel, halbiert
- 1 Knoblauchzehe
- 10 g Ingwer
- 20 g Rapsöl
- 400 g Kokosmilch (Dose)
- 100 g Wasser
- 20 g Sojasoße
- 200 g Blumenkohl, in Röschen
- 1 TL Salz
- 4 Prisen frisch gemahlener schwarzer Pfeffer
- 10 g grüne Currypaste
- 30 g Cashewmus
- 2 TL Currypulver
- 400 g Putenfleisch, in Würfeln
- 150 g Champignons, geviertelt
- 30 g Cashewkerne
- 20 g Kokoschips

1 | Zwiebel, Knoblauch sowie Ingwer in den ⌣ geben und **5 Sek.** | **Stufe 5** zerkleinern. Mit dem ⌇ nach unten schieben. Das Öl zufügen und **3 Min.** | **100 °C** | **Stufe 2** andünsten.

2 | Mit Kokosmilch ablöschen. Wasser, Sojasoße, Blumenkohl, Salz, Pfeffer, Currypaste, Cashewmus und Currypulver zugeben. Fleisch im **Varoma®** verteilen, diesen geschlossen aufsetzen. Alles **20 Min.** | **Varoma** | ⌒ | ⌇ garen.

3 | Champignons zum Fleisch in den Varoma® geben und diesen verschließen. Das Curry **5 Min.** | **Varoma** | ⌒ | ⌇ fertig garen. Die Cashewkerne ohne Fett in einer Pfanne anrösten. Hähnchen und Pilze mit dem ⌇ unter das Curry mischen. Das Curry auf Schüsseln verteilen und mit Cashewkernen sowie Kokoschips garniert servieren.

> **CASHEWMUS** Um diese Zutat selbst zu mixen, einfach 400 g Cashewkerne in den ⌣ geben, **20 Sek.** | **Stufe 8** mahlen. Mit dem ⌇ nach unten schieben und den Vorgang wiederholen. 20 g Honig, 4 Prisen Salz sowie 20 g Öl zugeben, **3 Min.** | **Stufe 4** cremig rühren. In sterile Gläser füllen und innerhalb von 4 Wochen aufbrauchen.

FLEISCH & GEFLÜGEL

GULASCH MIT WURZELSTAMPF

PRO PORTION: 511 KCAL | 43 G E | 29 G F | 25 G KH
ZUTATEN FÜR 2 PERSONEN

- 1 Zwiebel, halbiert
- 1 Knoblauchzehe
- 60 g rote Paprikaschote, in Stücken
- 60 g gelbe Paprikaschote, in Stücken
- 60 g grüne Paprikaschote, in Stücken
- 1 EL natives Olivenöl extra
- 300 g Rindergulasch
- 1 EL Tomatenmark
- 250 g Gemüsebrühe
- 1 Lorbeerblatt
- Salz
- frisch gemahlener schwarzer Pfeffer
- 700 g Petersilienwurzeln, in Stücken
- 30 g saure Sahne
- 1 TL rosenscharfes Paprikapulver
- 20 g Butter
- 1 Prise frisch geriebene Muskatnuss

1 Zwiebel, Knoblauch sowie Paprika in den 🥣 geben, **4 Sek.** | **Stufe 5** zerkleinern und mit dem 🥄 nach unten schieben. Öl, Gulasch sowie Tomatenmark hinzufügen und **5 Min.** | **120 °C** [TM31 bitte Varoma®] | 🔄 | **Stufe 1** andünsten.

2 Dann mit der Brühe ablöschen, Lorbeerblatt zugeben, kräftig salzen und pfeffern. Alles **15 Min.** | **120 °C** [TM31 bitte Varoma®] | 🔄 | 🥄 schmoren lassen.

3 Petersilienwurzeln in den Varoma® geben, diesen verschlossen aufsetzen und **15 Min.** | **Varoma®** | 🔄 | 🥄 mitgaren. Den Varoma® abnehmen und beiseitestellen. Lorbeerblatt aus dem Gulasch nehmen, saure Sahne mit dem 🥄 unterrühren, mit Salz, Pfeffer und Paprikapulver abschmecken. Umfüllen und warm halten. Den 🥣 spülen.

> **TIPP** Die Petersilienwurzel könnt ihr auch komplett verwenden. Die Blätter eignen sich zum Beispiel prima zum Garnieren. Aber Vorsicht, sie sind sehr intensiv im Geschmack, da die Konzentration an ätherischen Ölen hier am höchsten ist.

4 Petersilienwurzeln, Butter, ½ TL Salz, 1 Prise Pfeffer und Muskat im 🥣 **45 Sek.** | **Stufe 6** pürieren. Abschmecken und mit dem Gulasch anrichten.

FLEISCH & GEFLÜGEL

OFENKOTELETTS MIT GEMÜSEALLERLEI

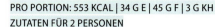

PRO PORTION: 553 KCAL | 34 G E | 45 G F | 3 G KH
ZUTATEN FÜR 2 PERSONEN

- 1 Knoblauchzehe
- 250 g Topinambur, in Stücken
- 1 Karotte, in Stücken
- 150 g Fenchel, in Stücken
- 2 Koteletts (à 160 g)

- 15 g Butterschmalz
- 1 Msp. Cayennepfeffer
- 1 kleine unbehandelte Zitrone, in Scheiben
- je 2 Stiele Thymian und 2 Zweige Rosmarin
- 2 Lorbeerblätter

1 Die Knoblauchzehe **3 Sek. | Stufe 5** hacken. Das Gemüse hinzufügen und **3 Sek. | Stufe 5** zerkleinern.

2 Die Koteletts in einer Pfanne mit Butterschmalz scharf anbraten. Den Backofen auf 150 °C Ober-/Unterhitze vorheizen.

3 2 große Bögen Backpapier auslegen. Gemüse mit Knoblauch darauf verteilen und mit Cayennepfeffer bestreuen. Die Koteletts mit Bratenfett darauflegen, Zitronenscheiben, Thymian, Rosmarin sowie Lorbeerblätter darüber verteilen. Das Backpapier umschlagen und verschließen. Die Backpapierpakete auf das Blech legen und für etwa 30 Min. in den Ofen schieben.

> **TIPP** Anders als Kartoffeln enthält Topinambur keine Stärke. Durch den Ballaststoff Inulin bleibt ihr lange satt und Heißhungerattacken gehören der Vergangenheit an!

BLUMENKOHLPIZZA MIT PARMASCHINKEN

PRO PORTION: 509 KCAL | 31 G E | 39 G F | 9 G KH
ZUTATEN FÜR 4 PERSONEN

- 300 g Gouda, in Stücken
- 350 g Blumenkohl, in Röschen
- 2 Eier
- Salz
- 1 Schalotte
- 1 Knoblauchzehe
- 20 g natives Olivenöl extra
- 400 g stückige Tomaten (Dose)

- 1 TL Honig
- 1 TL italienische Kräuter
- 20 g Tomatenmark
- 2 kleine Tomaten, in Scheiben
- 50 g Parmesan
- ½ Bund Rucola
- 4 Scheiben Parmaschinken

1 Backofen auf 220 °C Ober-/Unterhitze vorheizen. Den Gouda in den geben, **8 Sek. | Stufe 6** zerkleinern und umfüllen. Den Blumenkohl in den geben und **4–5 Sek. | Stufe 6** zerkleinern.

2 Mit dem nach unten schieben. Nun 250 g von dem zerkleinerten Gouda, Eier sowie 1 TL Salz zugeben und **30 Sek. | Stufe 4** vermengen. Masse zu 4 Portionen auf ein mit Backpapier ausgelegtes Blech geben und mit einem Löffel zu Fladen drücken. In den Backofen geben und 10 Min. vorbacken. Den spülen.

3 In der Zwischenzeit die Tomatensoße vorbereiten. Dazu die Schalotte mit der Knoblauchzehe in den geben und **3 Sek. | Stufe 5** zerkleinern. Mit dem nach unten schieben.

4 Öl zufügen und **3 Min. | 120 °C [TM31 bitte Varoma®] | Stufe 1** dünsten. Stückige Tomaten, Honig, Kräuter, Tomatenmark sowie 1 TL Salz zugeben und **10 Min. | 100 °C | Stufe 2** kochen. Die Tomatensoße auf den Fladen verteilen.

5 Mit dem restlichen Käse bestreuen und mit den Tomatenscheiben belegen. Weitere 10 Min. im Backofen backen. In der Zwischenzeit den Parmesan hobeln. Dann die Pizzen aus dem Ofen holen, mit Rucola, Parmaschinken sowie Parmesan belegen und servieren.

> **TIPP** Den Parmesan könnt ihr auch rasch im Thermomix® zerkleinern. Dann als ersten Schritt vor den übrigen Zubereitungsschritten den Parmesan in Stücken **10 Sek. | Stufe 10** zerkleinern und umfüllen.

SPINAT-QUICHE MIT SPECK

PRO STÜCK: 342 KCAL | 16 G E | 28 G F | 6 G KH
ZZGL. 1 STD. KÜHLZEIT
ZUTATEN FÜR 12 STÜCKE

- 100 g Bergkäse, in Stücken
- 250 g Mandelkerne
  zzgl. etwas mehr zum Garnieren
- 20 g kalte Butter
  zzgl. etwas mehr zum Fetten der Form
- 30 g natives Olivenöl extra
- Salz
- 4 Eier
- 75 g Sahne
- 150 g Crème fraîche

- 2 Prisen frisch gemahlener schwarzer Pfeffer
- 1 Prise frisch geriebene Muskatnuss
- 1 Knoblauchzehe
- 2 Schalotten
- 150 g Speckwürfel
- 600 g Spinat (TK), aufgetaut und abgetropft
- 150 g Feta, zerbröselt

AUSSERDEM
- Hülsenfrüchte zum Blindbacken

1 | Den Bergkäse in den 🍶 geben, **10 Sek.** | **Stufe 5** zerkleinern und umfüllen. Die Mandeln im 🍶 **10 Sek.** | **Stufe 10** mahlen. Butter, 10 g Öl, ½ TL Salz sowie 1 Ei zufügen und **1 Min.** | 🌀 kneten. Den Teig in Folie wickeln und 1 Std. kühlen. Den 🍶 spülen. Übrige Eier, Sahne, Bergkäse, Crème fraîche, 1 TL Salz, Pfeffer sowie Muskat im 🍶 **20 Sek.** | **Stufe 4** vermengen und umfüllen.

2 | Den Ofen auf 200 °C Ober-/Unterhitze vorheizen. Eine Springform (Ø 24 cm) fetten. Den Teig hineingeben, etwas flach drücken und am Rand hochziehen. Den Teigboden mehrfach mit einer Gabel einstechen, mit Backpapier belegen und mit Hülsenfrüchten beschweren, dann 10 Min. backen.

3 | Den 🍶 reinigen. Den Knoblauch mit den Schalotten hineingeben und **4 Sek.** | **Stufe 6** zerkleinern. Mit dem 🥄 nach unten schieben. 20 g Öl mit dem Speck zufügen und **4 Min.** | **120 °C [TM31 bitte Varoma®]** | **Stufe 2** dünsten.

4 | Den Boden aus dem Ofen nehmen, Ofen nicht ausschalten. Hülsenfrüchte und Papier entfernen. Die Eiermasse auf den Boden geben, Spinat, Speck mit Zwiebeln und Knoblauch darauf verteilen. Mit Feta bestreuen und 25–30 Min backen. In Stücke schneiden und servieren.

GEDÄMPFTES SCHWEINEFILET MIT BOHNEN

PRO PORTION: 789 KCAL | 53 G E | 51 G F | 25 G KH
ZUTATEN FÜR 4 PERSONEN

- Blättchen von ½ Bund Basilikum
- 4 Schalotten
- 30 g getrocknete Tomaten in Öl, abgetropft
- 80 g natives Olivenöl extra
- 1 Lorbeerblatt
- 750 g weiße Bohnen (Dose), abgetropft
- 550 g Wasser
- 20 g Weißweinessig
- 20 g Harissapaste

- Salz
- frisch gemahlener schwarzer Pfeffer
- 20 g Parmesan
- 200 g Sahnejoghurt
- 200 g Sahne
- 2 EL Rapsöl
- 700 g Schweinefilet
- 10 g Butter
- 2 Zweige Rosmarin

1 Ein Drittel der Basilikumblätter in den ⌐ geben, **3 Sek. | Stufe 8** zerkleinern und umfüllen. Die Schalotten in den ⌐ geben, **3 Sek. | Stufe 5** zerkleinern und mit dem ⌐ nach unten schieben. Die Tomaten zufügen, **2 Sek. | Stufe 5** zerkleinern und mit dem ⌐ nach unten schieben. 20 g Olivenöl mit dem Lorbeerblatt zugeben und alles ohne Messbecher **3 Min. | Varoma® | Stufe 1** dünsten.

2 Die Bohnen zufügen, 150 g Wasser einwiegen und **2 Min. 30 Sek. | 100°C | ↺ | Stufe 1** aufkochen. Anschließend die Tomaten-Bohnen-Mischung in eine Schüssel umfüllen. Essig, 60 g Olivenöl, Harissa, 2 Prisen Salz sowie 4 Prisen Pfeffer in den ⌐ geben und **20 Sek. | Stufe 2** verrühren. Anschließend zu der Bohnen-Mischung geben, mit dem ⌐ unterrühren und die Mischung mind. 30 Min. ziehen lassen.

3 Inzwischen den ⌐ spülen. Den Parmesan mit den übrigen Basilikumblättern in den ⌐ geben, **5 Sek. | Stufe 10** zerkleinern und mit dem ⌐ nach unten schieben. Den Joghurt zufügen, ¼ TL Salz und 2 Prisen Pfeffer zugeben, **10 Sek. | Stufe 3** verrühren und umfüllen. Den ⌐ spülen.

4 Die Sahne in den ⌐ füllen und **1 Min. | Stufe 3** aufschlagen. Aufgeschlagene Sahne unter den Joghurt heben und diesen kalt stellen. Den ⌐ ausspülen. Übriges Wasser und ¼ TL Salz in den ⌐ geben und **5 Min. | Varoma® | Stufe 1** aufkochen. In dieser Zeit das Rapsöl in einer beschichteten Pfanne erhitzen. Das Schweinefilet darin bei starker Hitze 2 Min. rundum anbraten, Butter und Rosmarinzweige zufügen.

5 Den Einlegeboden in den Varoma® einsetzen und so mit Backpapier auslegen, dass die oberen seitlichen Dampfschlitze frei bleiben. Das Schweinefilet mit Rosmarin und Bratfett auf den Einlegeboden geben und den Varoma® verschließen. Den Varoma® aufsetzen und je nach Größe des Filets **15–20 Min. | Varoma® | Stufe 1** garen. Das Lorbeerblatt aus der Bohnenmischung entnehmen. Dann das Fleisch in Scheiben schneiden, mit der Bohnenmischung und dem übrigen Basilikum bestreut anrichten. Dazu den Joghurt-Sahne-Dip servieren.

FLEISCH & GEFLÜGEL

CHICKEN-DRUMSTICKS MIT COLESLAW

PRO PORTION: 695 KCAL | 54 G E | 42 G F | 19 G KH
ZUTATEN FÜR 4 PERSONEN

FÜR DIE DRUMSTICKS
* 25 g Sesamöl
* 1 TL Currypulver
* 1 TL edelsüßes Paprikapulver
* 1 TL Salz
* 12 Hähnchenunterschenkel

FÜR DEN SALAT
* Abrieb von ½ unbehandelten Zitrone
* 1 TL Salz
* ½ TL Cayennepfeffer
* Saft von 1 unbehandelten Zitrone
* 100 g Joghurt
* 80 g Salatcreme
* 250 g Karotten, in Stücken
* 500 g Weißkohl, in Stücken
* 1 Römersalatherz, in Streifen
* Blättchen von 1 Bund Koriander
* 60 g Cashewkerne, geröstet und gesalzen

1 Für die Drumsticks Öl, Currypulver, Paprika und Salz in einer großen Schüssel verrühren. Hähnchenunterschenkel zugeben und mit den Händen durchmischen, sodass sie vollständig mit der Marinade überzogen sind. Schenkel auf einem Backblech verteilen und zur Seite stellen.

2 Den Backofen auf 220 °C Ober-/Unterhitze vorheizen. Für den Salat Zitronenabrieb, Salz sowie Cayennepfeffer in den geben und **10 Sek. | Stufe 10** pulverisieren. Zitronensaft, Joghurt und Salatcreme zugeben, alles **10 Sek. | Stufe 4** mischen. Die Soße in eine große Schüssel umfüllen.

3 Karotten in den geben, **5 Sek. | Stufe 5** zerkleinern und in die Schüssel füllen. 250 g Weißkohl in den einwiegen, **10 Sek. | Stufe 3,5** zerkleinern, ebenfalls in die Schüssel geben.

4 Restlichen Weißkohl in den geben, **10 Sek. | Stufe 3** zerkleinern, in die Schüssel umfüllen, mithilfe des vermischen und zur Seite stellen. Die Hähnchenschenkel im heißen Ofen auf der mittleren Schiene 35 Min. braten.

5 Kurz vor dem Servieren Römersalat, Korianderblättchen und Cashewkerne in den geben, **4 Sek. | Stufe 4** zerkleinern. Unter den Coleslaw mischen und abschmecken. Den Salat mit den Drumsticks anrichten und servieren.

> **TIPP** Ihr könnt auch ganze Hähnchenkeulen verwenden. Diese zuvor im Gelenk vom Händler durchtrennen lassen.

> **COLESLAW** Dieser Kohlsalat ist auch für sich genommen ein tolles Gericht. Ihr könnt ihn als Mittagessen genießen oder ihn zu anderen Fleischstücken reichen.

FLEISCH & GEFLÜGEL

FISCH & MEERESFRÜCHTE

Empfindliche Lebensmittel wie Fisch und Meeresfrüchte lassen sich im Varoma® perfekt auf den Punkt garen

FISCHGEWÜRZ

Eine eigene Gewürzmischung ist eine tolle Möglichkeit, eine persönliche Note in euer nächstes Fischgericht zu zaubern.

6 Pimentkörner, 1 EL Koriander, 2 Gewürznelken, 1 TL Fenchelsamen und 1 EL getrockneten Dill in den ⌒ geben, alles **10 Sek. | Stufe 8** mahlen. Vorsichtig den Deckel öffnen. Abrieb von 1 unbehandelten Zitrone, 1 EL Currypulver und 100 g Meersalz zufügen. **10 Sek. | Stufe 5** verrühren. In ein Schraubglas à 150 ml füllen.

5 TIPPS ZUM VAROMA®

1| Füllmenge Überfüllt den Varoma® nicht und lasst einige Lüftungsschlitze frei. Ist zu wenig Platz in Varoma® oder Einlegeboden, kann der Dampf nicht zirkulieren und die Zutaten garen ungleichmäßig durch.

2| Tropfschutz Bedenkt, dass Garflüssigkeit vom Einlegeboden in den Varoma® und von dort in den ⌒ tropfen kann. Legt Garpapier oder zugeschnittenes Backpapier in den Einlegeboden, um dem vorzubeugen. Alternativ könnt ihr eine Auflaufform aus Silikon (s. o.) verwenden, die perfekt in den Einlegeboden passt. Diese Zubehöre findet ihr unter www.zaubertopf-shop.de

3| Zeit sparen Die Kochzeit im Varoma® könnt ihr um etwa 4 Minuten reduzieren, wenn ihr das Wasser für den ⌒ vorher im Wasserkocher aufkocht.

4| Deckel-Twist Den Deckel des Varoma® nach dem Garen umgekehrt auf die Arbeitsplatte legen, den Varoma® darauf abstellen. So bleibt die Arbeitsplatte trocken.

5| Von Gerüchen befreien Befüllt einen Kaffeefilter mit Kaffeepulver, verschließt ihn fest mit Garn und legt ihn für einige Zeit in den Varoma®. Alternativ könnt ihr eine Schale mit Essig hineinstellen.

MOTIVATIONS-TIPP

Nicht hungern!
Es stresst Körper und Seele. Wer hungert, bekommt schlechte Laune. Durch Essensverzicht können die gefürchteten „Fressattacken" ausgelöst werden. Beides lässt sich vermeiden, indem man regelmäßig isst.

SORTEN-KNOW-HOW

Fisch spielt bei der Ernährung aufgrund seiner gesunden Omega-Fettsäuren eine wichtige Rolle. Aber welcher ist der gesündeste? Die gute Nachricht: Ihr könnt bedenkenlos jede Sorte verwenden. Generell gilt: je fetter der Fisch, desto besser!

FETT
Thunfisch, Lachs, Hering, Makrele und Aal

MITTELFETT
Sardine, Forelle, Rotbarsch, Karpfen und Sardelle

MAGER
Hecht, Seezunge, Flunder, Kabeljau, Alaska-Seelachs und Scholle

WELCHES FETT IST GUT?

Fette liefern Energie. Aber welche tun uns gut, welche nicht oder nur in Maßen? Hier eine kurze Erklärung, wo ihr guten Gewissens zugreifen könnt.

Ungesättigte Fettsäuren

Sie sind lebenswichtig. Besonders pflanzliche Öle, Nüsse und Samen sowie fetter Fisch enthalten reichlich ungesättigte Fettsäuren. Wer Lachs und Makrelen, Hering und Sardinen, Lein-, Hanf- und Olivenöl sowie Nüsse isst, tut sich Gutes. Der Körper kann die darin enthaltenen Omega-3- und -6-Fettsäuren nicht selbst herstellen. Wir brauchen sie jedoch, um Vitamine, die nur in Fett löslich sind, verarbeiten zu können. Die Fettsäuren unterstützen zudem den Stoffwechsel, geben Energie und stärken das Immunsystem. Sie wirken sich günstig auf den Cholesterinspiegel aus und können so Herzproblemen vorbeugen.

Gesättigte Fettsäuren

Die Aufnahme gesättigter Fettsäuren ist für den Menschen nicht essenziell, da unser Körper sie selbst herstellen kann. Sie stecken vor allem in Wurst- und Fleischwaren, Butter und Milchprodukten sowie Fertiggerichten. Sie dienen als Energielieferanten – zu viel davon wirkt sich negativ auf die Gesundheit aus und erhöht den Cholesterinspiegel.

Transfette

Sie entstehen, wenn ungesättigte Fettsäuren zu stark erhitzt werden, vor allem in der industriellen Herstellung von Lebensmitteln. Für unseren Körper sind sie unbrauchbar, sogar schlecht für die Gesundheit. Daher: Transfette meiden! Sie verstecken sich unter anderem in Fertigprodukten, Süßigkeiten und Chips.

GUTE ZUTATEN

ZART AUF DEN PUNKT GEGART

DIE RICHTIGE GARZEIT

Besonders fettarm und schonend ist die Zubereitung von Fisch, wenn ihr ihn im Varoma® dampfgart. Er benötigt je nach Dicke etwa 15–30 Minuten. Frische, dünne Filets beanspruchen weniger Zeit. 15 Minuten müsst ihr hier einplanen. Bei dickeren Filets verlängert sich die Garzeit um 5 Minuten. Wenn ihr TK-Fisch verwendet, müsst ihr zusätzlich 10–15 Minuten einplanen.

LEICHTE HOLLANDAISE

Für 300 ml Soße 30 g Joghurtbutter in einem Topf schmelzen lassen. Rühraufsatz einsetzen, 100 g Gemüsefond, 3 Eigelbe und ½ TL Senf in den ⬚ geben. **8 Min. | 80 °C | Stufe 4** aufschlagen, dann **3 Min. | 80 °C | Stufe 4** einstellen. Löffelweise 150 g Joghurt (1,5 % Fett) und Butter durch die Deckelöffnung zufügen. Soße mit 1–2 TL Zitronensaft, ½ TL Salz und 2 Prisen Pfeffer abschmecken.

Basis REZEPT

ZOODLES MIT GARNELEN UND SOSSE

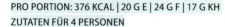

PRO PORTION: 376 KCAL | 20 G E | 24 G F | 17 G KH
ZUTATEN FÜR 4 PERSONEN

- 1 Zwiebel, halbiert
- 2 Knoblauchzehen
- 60 g natives Olivenöl extra
- 100 g Sahne
- 100 g Weißwein
- 1 TL Gemüse-Gewürzpaste
- Salz

- frisch gemahlener schwarzer Pfeffer
- 400 g Kirschtomaten, halbiert
- 350 g grüne Bohnen, halbiert
- 3 Zucchini
- 300 g Garnelen, küchenfertig
- Saft von ½ Zitrone
- Parmesan nach Belieben

1 Zwiebel mit Knoblauch in den ⌣ geben und **5 Sek. | Stufe 7** zerkleinern. Mit dem ⌟ nach unten schieben. 20 g Öl zufügen und **3 Min. | 120°C [TM31 bitte Varoma®] | Stufe 2** anschwitzen.

2 Mit Sahne sowie Weißwein ablöschen, mit Gewürzpaste, ½ TL Salz und 4 Prisen Pfeffer würzen. Tomaten zugeben, Bohnen auf dem Einlegeboden verteilen und diesen mit geschlossenem Deckel aufsetzen. Bohnen und Soße für **15 Min. | Varoma® | Stufe 2** garen.

3 Währenddessen Zucchini durch einen Spiralschneider drehen, beiseitestellen. Das restliche Öl in einer großen Pfanne erhitzen, Garnelen darin schwenkend 2–3 Min. anbraten. Zucchini-Nudeln zugeben und mit den Garnelen 1 Min. im Öl schwenken. Zitronensaft darübergeben und weitere 4 Min. auf kleiner Stufe garen

4 Den Varoma® vorsichtig abnehmen und mit geschlossenem Deckel beiseitestellen. Die Soße **10 Sek. | Stufe 8** sämig pürieren. Bohnen zufügen und mit dem ⌟ unterrühren.

5 Soße zu den Zucchini-Nudeln und den Garnelen in die Pfanne geben, alles gut durchmischen. Nach Belieben mit Parmesan anrichten und sofort servieren.

> **TIPP** In Spiralen geschnittene Zucchini werden „Zoodles" genannt – eine Kombination aus Zucchini und dem englischen Wort für Nudeln: „Noodles". Diese lassen sich am einfachsten mit einem Spiralschneider zubereiten. Es gibt unterschiedlichste Modelle im Handel. Wer keinen hat, kann das Gemüse auch mit dem Sparschäler der Länge nach in breitere Streifen hobeln, die erinnern dann eher an „Linguine".

GEWÜRZ-ZANDER MIT KNOLLENGEMÜSE

PRO PORTION: 451 KCAL | 36 G E | 20 G F | 22 G KH
ZUTATEN FÜR 4 PERSONEN

- ½ TL Koriandersaat
- ½ TL Wacholderbeeren
- Meersalz
- ½ TL weiße Pfefferkörner
- 600 g Wasser
- 400 g Topinambur, in Stücken
- 400 g Kartoffeln, geschält und in Stücken

- 4 Zanderfilets (à 160 g)
- 1 EL braune Senfsaat
- 60 g Butter
- 2 EL natives Olivenöl extra
- Saft und Abrieb von 1 unbehandelten Zitrone
- 200 g Brunnenkresse

1 Koriandersaat, Wacholderbeeren, ½ TL Meersalz und weiße Pfefferkörner in den 🥣 geben. Gewürze **15 Sek. | Stufe 10** zerkleinern und umfüllen.

2 Wasser in den 🥣 geben. Varoma® aufsetzen, Topinambur und Kartoffeln einwiegen, verschließen. **15 Min. | Varoma® | Stufe 2** garen. Inzwischen den Einlegeboden mit Backpapier auslegen, dabei darauf achten, dass die Dampfschlitze am oberen Rand frei bleiben und nicht vom Backpapier verdeckt werden.

3 Zander rundherum mit der Gewürzmischung einreiben, auf den Einlegeboden legen. Einlegeboden in den Varoma® einsetzen, verschließen und **15 Min. | 100 °C | ↻ | Stufe 2** garen.

4 In der Zwischenzeit für die Senfbutter die Senfsaat in einer kleinen Pfanne ohne Fettzugabe kurz rösten. Butter zugeben und so lange erhitzen, bis sie goldbraun ist. Olivenöl, Zitronenschale und -saft zufügen, mit 2 Prisen Meersalz würzen.

5 Den Varoma® absetzen und auf einen Teller stellen. Topinambur und Kartoffeln in eine Schüssel füllen, ½ TL Meersalz, die Hälfte der Senfbutter sowie die Brunnenkresse zugeben, untermischen und abschmecken.

6 Den Fisch mit Gemüse auf Tellern anrichten und mit der restlichen Senfbutter beträufelt servieren.

FISCH & MEERESFRÜCHTE

LACHS MIT GURKENSALAT UND KRÄUTERREMOULADE

PRO PORTION: 638 KCAL | 25 G E | 56 G F | 7 G KH
ZUTATEN FÜR 4 PERSONEN

- 100 g Rapsöl
- Blättchen von 3 Stielen Petersilie
- 1 TL Kapern, abgetropft
- 50 g Gewürzgurken, in Stücken
- 1 Ei
- 2 TL Zitronensaft
- ½ TL mittelscharfer Senf
- Salz
- frisch gemahlener schwarzer Pfeffer
- 1 Prise Zucker
- 100 g Schmand
- 2 Gurken, fein gehobelt
- Spitzen von 1 Bund Dill
- 150 g Joghurt
- 30 g Weißweinessig
- 40 g natives Olivenöl extra
- 4 Lachsfilets (à etwa 100 g)

1 Ein Gefäß auf den ◯ stellen, das Rapsöl einwiegen und beiseitestellen. Petersilie, Kapern sowie Gewürzgurken in den ◯ geben, **7 Sek. | Stufe 5** zerkleinern und umfüllen.

2 Ei, 1 TL Zitronensaft, Senf, 4 Prisen Salz, 2 Prisen Pfeffer und Zucker in den ◯ geben, dann **1 Min. 30 Sek. | Stufe 3,5** emulgieren, dabei das Rapsöl langsam auf den Deckel des ◯ gießen und am Messbecher vorbei auf das laufende Messer laufen lassen.

3 Gewürzgurken-Kräuter-Mischung mit Schmand zufügen, **5 Sek. | Stufe 2** verrühren, mit Salz und Pfeffer abschmecken. Remoulade bis zum Servieren kalt stellen. Den ◯ reinigen.

4 Salatgurken in eine Salatschüssel geben, mit ½ TL Salz würzen. Dill im ◯ **2 Sek. | Turbo** zerkleinern. Mit dem ◊ nach unten schieben. Joghurt, 1 TL Zitronensaft, Weißweinessig zufügen, **10 Sek. | Stufe 3** vermengen. Mit den Gurken mischen und im Kühlschrank ziehen lassen.

5 Olivenöl in einer Pfanne erhitzen, Lachsfilets salzen, pfeffern und in der Pfanne garen. Den Fisch mit der Remoulade und dem Gurkensalat servieren.

>TIPP Soßen wie Aioli, Kartoffelcreme und Remoulade könnt ihr mit dem Thermomix® ohne großen Aufwand selbst herstellen und das Ergebnis ist perfekt. Im Vergleich zu meist recht teuren gekauften Produkten habt ihr hier keine versteckten Verdickungsmittel, Zucker und Aromen. Es lohnt sich sehr, diese „Extras" zu mixen, anstatt sie zu kaufen.

FISCH & MEERESFRÜCHTE

RATATOUILLE MIT KABELJAU

PRO PORTION: 225 KCAL | 10 G E | 9 G F | 18 G KH
ZUTATEN FÜR 4 PERSONEN

- Nadeln von 1 Zweig Rosmarin
- Blättchen von 3 Stielen Thymian
- 200 g Zwiebeln, halbiert
- 3 Knoblauchzehen
- 30 g natives Olivenöl extra
  zzgl. etwas mehr zum Fetten des Varoma®
- 500 g Tomaten, in Stücken
- 1 rote Paprikaschote, in Stücken
- 1 gelbe Paprikaschote, in Stücken
- 150 g Wasser
- 1 TL Gemüse-Gewürzpaste
- 15 g Tomatenmark
- Salz
- frisch gemahlener schwarzer Pfeffer
- 200 g Zucchini, in Scheiben
- 200 g Auberginen, in Scheiben
- 4 Kabeljaufilets (à ca. 90 g)
- etwas Zucker nach Belieben
- frisch geriebener Parmesan nach Belieben

1 Nadeln und Blättchen der Kräuter in den 🥣 geben, **5 Sek.** | **Stufe 8** zerkleinern und anschließend umfüllen.

2 Zwiebeln mit Knoblauch in den 🥣 geben und **3 Sek.** | **Stufe 5** zerkleinern. Mit dem 🔪 nach unten schieben. Das Olivenöl zufügen und **4 Min.** | **120°C** [TM31 bitte Varoma®] | 🔄 | **Stufe 2** dünsten.

3 Tomaten, Paprika, Wasser, die Gewürzpaste, das Tomatenmark, ½ TL Salz und ¼ TL Pfeffer sowie die zerkleinerten Kräuter zugeben. Die Zucchini und Auberginen im Varoma® verteilen.

4 Die Kabeljaufilets von beiden Seiten salzen und pfeffern, den Einlegeboden fetten und die Fischfilets darauflegen.

5 Varoma® sowie Einlegeboden aufsetzen, mit dem Deckel verschließen. Alles **25 Min.** | **Varoma®** | 🔄 | **Stufe 1** dünsten.

6 Fisch herausnehmen und kurz warm halten. Auberginen mit Zucchini in den 🥣 geben und **1 Min.** | 🔄 | **Stufe 1** vermengen. Nach Belieben mit etwas Zucker, Salz und Pfeffer abschmecken.

7 Das Ratatouille mit dem Fisch servieren. Nach Belieben Parmesan dazureichen.

> **TIPP** Dampfgaren tut euch und den Zutaten gut. Die Nährstoffe bleiben erhalten, ebenso Farbe und Frische des Gemüses. Der Fisch wird herrlich zart, vertrocknet aber nicht, was im Ofen schnell passiert. Dieses Rezept könnt ihr auch mit anderen Fisch- und Gemüsesorten variieren. Es ist eine perfekte Basis für ein leichtes 3-Komponenten-Gericht!

FISCH & MEERESFRÜCHTE

LACHSFRIKADELLEN MIT GURKENSALAT

PRO PORTION: 585 KCAL | 36 G E | 42 G F | 10 G KH
ZZGL. 45 MIN. KÜHLZEIT
ZUTATEN FÜR 4 PERSONEN

- 700 g Lachsfilet, in Würfeln
- 20 g Ingwer, in dünnen Scheiben
- 2 Schalotten
- 50 g Rapsöl zzgl. etwas mehr
- Abrieb und Saft von 1 unbehandelten Limette
- 1½ TL Salz

- 2 Gurken, entkernt, in Stücken
- 200 g Karotten, in Stücken
- Blättchen von 1 Bund Koriander
- ¼ TL frisch gemahlener schwarzer Pfeffer
- 20 g Sojasoße
- 50 g Mungobohnensprossen

1 Für die Frikadellen Lachswürfel auf einem flachen Teller verteilen und 45 Min. anfrieren. Alternativ könnt ihr tiefgefrorenen Lachs verwenden und ihn etwa 30 Min. antauen lassen.

2 Den Ingwer in den ⌑ geben, **5 Sek. | Stufe 8** zerkleinern, mit dem ⌇ nach unten schieben. Schalotten zufügen, **5 Sek. | Stufe 6** zerkleinern und mit dem ⌇ nach unten schieben. 20 g Öl zugeben, **3 Min. | 100 °C | Stufe 1** dünsten und umfüllen. Den ⌑ spülen und trocknen.

3 Den Limettenabrieb mit 1 TL Salz in den ⌑ geben, **8 Sek. | Stufe 10** zerkleinern und mit dem ⌇ nach unten schieben. Angefrorenen Lachs mit der Schalottenmischung zufügen und mithilfe des ⌇ **5 Sek. | Stufe 5** zerkleinern. Aus der Masse mit den Händen 8 Frikadellen formen und auf einem Teller beiseitestellen. Den ⌑ spülen.

4 Für den Salat die Gurken im ⌑ **3–4 Sek. | Stufe 4,5** zerkleinern und in eine große Schüssel umfüllen. Karotten mit Koriander in den ⌑ geben, **5 Sek. | Stufe 4,5** zerkleinern und mithilfe des ⌇ unter die Gurken mischen.

5 30 g Rapsöl, Limettensaft, ½ TL Salz, Pfeffer und Sojasoße in den ⌑ geben, **5 Sek. | Stufe 4** mischen, zu der Gurken-Karotten-Mischung geben, Mungobohnensprossen dazugeben und mit dem ⌇ vermischen.

6 1 EL Öl in einer großen beschichteten Pfanne erhitzen, die Fischfrikadellen darin auf jeder Seite 4–5 Min. braten und mit dem Gurkensalat servieren.

> **TIPP** Das Fisch-Hackfleisch macht ihr mit dem Thermomix® einfach selbst. Wenn euch die Aromen von Ingwer und Limette zu speziell sind, könnt ihr bei Fisch generell auch immer auf Zitrone zurückgreifen. Mit unserer extra für Fisch entwickelten Gewürzmischung „ZauberPrise" (siehe www.zaubertopf-shop.de) braucht ihr keine weitere Würze – Lachs, Zwiebeln und 2 TL der Bio-Gewürzmischung genügen für die perfekte Fischfrikadelle.

GEDÄMPFTER KABELJAU AUF RAHMGEMÜSE

PRO PORTION: 427 KCAL | 30 G E | 28 G F | 8 G KH
ZUTATEN FÜR 4 PERSONEN

- Blättchen von 8 Stielen Petersilie
- 2 EL natives Olivenöl extra zzgl. etwas mehr zum Einölen
- 4 Kabeljaufilets (à 150 g)
- Salz
- 4 Prisen frisch gemahlener schwarzer Pfeffer
- 1 Zwiebel, halbiert
- 1 Knoblauchzehe
- 200 g Karotten, in Stücken
- 200 g Knollensellerie, in Stücken
- 150 g Porree, längs halbiert und in Stücken
- 30 g Butter
- 40 g trockner Weißwein
- 150 g Sahne
- 200 g Geflügelfond
- 1 Lorbeerblatt
- 1 Prise Zucker

1 Petersilie in den 🥣 geben, **5 Sek. | Stufe 6** zerkleinern und umfüllen. Den Einlegeboden leicht ölen. Fisch rundherum mit 2 EL Olivenöl einreiben, mit je 2 Prisen Salz sowie Pfeffer würzen, auf den Einlegeboden geben, in den Varoma® einsetzen und mit dem Deckel verschließen.

2 Zwiebel, Knoblauch, Karotten, Sellerie sowie Porree in den 🥣 geben, **6 Sek. | Stufe 5** zerkleinern und mit dem Spatel nach unten schieben.

3 Butter zufügen und das Gemüse ohne Messbecher **3 Min. | Varoma® | Stufe 1** dünsten. Weißwein, Sahne, Geflügelfond, 1 TL Salz, 2 Prisen Pfeffer, Lorbeerblatt sowie Zucker zufügen, den Varoma® aufsetzen und **16 Min. | Varoma® | ↺ | Stufe 1** garen.

4 Den Varoma® absetzen und das Gemüse abschmecken. Die Fischfilets mit dem Gemüse anrichten und mit Petersilie bestreut servieren.

> **TIPP** Der Alkohol im Weißwein verdampft während des Kochvorgangs. Wer trotzdem nicht mit Weißwein kochen möchte, ersetzt ihn durch die gleiche Menge an Geflügelfond.

FISCH & MEERESFRÜCHTE

THUNFISCH-SPINAT-AUFLAUF

PRO PORTION: 734 KCAL | 56 G E | 54 G F | 5 G KH
ZUTATEN FÜR 4 PERSONEN

- 10 g Rapsöl zzgl. etwas mehr zum Fetten der Form
- 2 Zwiebeln, halbiert
- 800 g Blattspinat
- 4 Eier
- 2 Prisen frisch geriebene Muskatnuss
- 2 TL Salz
- 4 Prisen frisch gemahlener schwarzer Pfeffer
- 250 g Quark
- 100 g Sahne
- 560 g Thunfisch (Dose), abgetropft
- 100 g Feta, zerbröselt
- 60 g geriebener Gratinkäse

1 Den Backofen auf 200 °C Ober-/Unterhitze vorheizen. Eine Auflaufform mit Öl fetten. Die Zwiebeln in den ⌴ geben und **8 Sek. | Stufe 8** zerkleinern. Mit dem ⌇ nach unten schieben. Das Rapsöl mit dem Blattspinat portionsweise mithilfe des ⌇ zugeben und **6 Min. | 100 °C | ↻ | Stufe 2** andünsten.

2 Eier, Muskat, Salz, Pfeffer, Quark sowie Sahne zufügen und **15 Sek. | Stufe 4** vermengen. Den Thunfisch mithilfe des ⌇ unter die Masse mischen.

3 Thunfisch-Spinat-Masse in der Auflaufform verteilen, Feta und Gratinkäse darübergeben und 45 Min. im vorgeheizten Ofen backen. Portionsweise auf Teller verteilen und servieren.

> **TIPP** Aufläufe wie dieser Thunfisch-Spinat-Auflauf eignen sich perfekt fürs Vorkochen. Er macht mittags satt und ist deutlich besser als eine Mahlzeit vom Bäcker oder von der Fast-Food-Kette.

GEGARTES GEMÜSE MIT GARNELEN

PRO PORTION: 687 KCAL | 60 G E | 40 G F | 25 G KH
ZUTATEN FÜR 2 PERSONEN

- 500 g Wasser
- 300 g Aubergine, in Scheiben
- 375 g Zucchini, in Scheiben
- Fruchtfleisch von 1 Avocado
- 10 g natives Olivenöl extra
- 200 g Feta, in Würfeln
- 16 Riesengarnelen (ca. 400 g), mit Schale
- 250 g Kokosmilch (Dose)
- Salz
- 20 g Mehl Type 405
- frisch gemahlener schwarzer Pfeffer
- gemischte Kräuter nach Belieben (z.B. Rosmarin, Thymian)

1 | Wasser in den ⌒ füllen. Das Gemüse auf dem Varoma® und dem Einlegeboden verteilen, mit Olivenöl beträufeln. Feta mit den Riesengarnelen auf das Gemüse legen. Den Varoma® aufsetzen und verschließen, alles **15 Min. | Varoma® | Stufe 1** dünsten.

2 | Den ⌒ leeren. Die Kokosmilch in den ⌒ geben, Varoma® wieder aufsetzen und alles weitere **5–7 Min. | Varoma® | Stufe 1** dünsten. Den Varoma® auf einen Teller stellen.

3 | Salz mit Mehl in den ⌒ geben und **10 Sek. | Stufe 4** vermischen, anschließend die Soße **4 Min. | 100 °C | Stufe 2** erhitzen. Das Gemüse nach Geschmack mit Salz, Pfeffer und Kräutern würzen. Mit den Garnelen sowie dem Feta anrichten und mit der Kokossoße servieren.

> **TIPP** Ein geniales Blitzgericht: Ihr könnt alle Komponenten im Thermomix® zubereiten. Als vegetarischen Ersatz für die Garnelen könnt ihr Tofu aufs Gemüse geben. Diesen zum Beispiel vorab in der „ZauberPrise"-Bio-Gewürzmischung für Fisch wenden.

VEGETARISCH

Low-Carb-Ernährung wird häufig mit dem Konsum von Fleisch verbunden. Wir zeigen, dass es auch ohne geht

BLUMENKOHL „REIS"

400 g Blumenkohlröschen, ¼ TL Salz und 1 TL Zitronensaft in den 🍶 geben und mithilfe des 🔪 **5 Sek. | Stufe 5** zerkleinern. In den Varoma® umfüllen. Die gleiche Menge Blumenkohl, Salz und Zitronensaft ebenso zerkleinern und umfüllen. Nun 500 g Wasser in den 🍶 geben und den Blumenkohl-„reis" im verschlossenen Varoma® **12 Min. | Varoma® | Stufe 2** garen.

GEMÜSENUDELN

Kaum Kohlenhydrate, kaum Kalorien und wenig Fett, dafür jede Menge Vitamine und wertvolle Nährstoffe: Gemüsenudeln sind ideal für alle, die auf ihre Figur achten oder sich einfach nur gesund ernähren möchten. Probiert neben dem Klassiker mit Zucchini zum Beispiel Paprikapasta. Die Schoten enthalten reichlich Kalium, Zink, Magnesium und Kalzium, dafür nur wenige Kohlenhydrate – am wenigsten übrigens die grünen Exemplare! Oder wie wäre es mit Aubergine? In Scheiben geschnitten die Basis für Gemüselasagne. Eurer Kreativität sind keine Grenzen gesetzt! **TIPP:** Diese „Pasta" wird mit dem Spiralschneider hergestellt. Aus Zucchini könnt ihr mit einem Sparschäler auch breite „Bandnudeln" hobeln.

ALTERNATIVEN ZU FLEISCH

Mittlerweile gibt es jede Menge Fleischersatz auf dem Markt. Die gute Nachricht ist: Auch bei einer Low-Carb-Ernährung könnt ihr hier zugreifen. Denn Tofu & Co. enthalten kaum Kohlenhydrate, dafür aber jede Menge wertvolle Proteine!

> **TOFU** Der Fleischersatz aus geronnener Sojamilch ist geschmacksneutral – deshalb gilt: ordentlich würzen! Man unterscheidet den etwas festeren Naturtofu vom weicheren Seidentofu. Unverarbeiteter Tofu ist stets laktose-, gluten- und cholesterinfrei und enthält außerdem viel Eisen und Mineralstoffe.

> **TEMPEH** Das schnittfeste Produkt aus fermentierten Sojabohnen kann es mit 20 g Eiweiß pro 100 g mit jedem Steak aufnehmen. Außerdem ist sein Fett gesünder als das in tierischen Lebensmitteln, weil es beispielsweise frei von Cholesterin ist.

> **SEITAN** Der Fleischersatz aus Weizen und Wasser ist herkömmlichem Fleisch im Geschmack recht ähnlich und wird deshalb auch „Weizenfleisch" genannt. Seitan gilt als gute Steak-Alternative, liefert viele Proteine und wenig Fett. Auch wenn Seitan vorwiegend aus Weizen hergestellt wird, liegt der Kohlenhydratanteil bei 14 Prozent – auch hier könnt ihr zugreifen!

DIE ZWEI BESTEN LOW-CARB-PIZZABÖDEN

Teig mit Sojamehl
150 g Sojamehl, 1 Ei, 1 TL Salz, 20 g Hefe, 180 g Wasser und 20 g Olivenöl in den geben und **2 Min. 30 Sek.** zu einem Teig verarbeiten. Den Teig in einer Schüssel abgedeckt 30 Min. gehen lassen, dann ausrollen und im vorgeheizten Backofen bei 180 °C Ober-/Unterhitze 5 Min. vorbacken, anschließend nach Belieben belegen und weitere 15 Min. backen.

Teig mit Mandelmehl
20 g Parmesan in den geben und **10 Sek. | Stufe 10** zerkleinern. 2 Eier, 75 g Frischkäse, 30 g Mandelmehl, ½ TL Backpulver und 1 TL Salz zugeben und **20 Sek. | Stufe 4** vermengen. Den recht flüssigen Teig in eine gefettete Springform (Ø 26 cm) geben und im vorgeheizten Backofen bei 180 °C Ober-/Unterhitze für 20 Min. backen. Dann den Boden aus der Form nehmen, die Pizza belegen und weitere 15 Min. backen.

WIE VOM ITALIENER

BUNT & GESUND!

SEITAN SELBST MIXEN!
Für 130 g hausgemachten Seitan 250 g Mehl im mit 250 g Wasser **2 Min.** verkneten. 250 g Mehl zufügen und weitere **6 Min.** kneten. Wasser in den geben, bis der Teig bedeckt ist. 30 Min. ruhen lassen. Garkorb einsetzen und so das Wasser aus dem abgießen. Teig im mit klarem Wasser übergießen, 10 Min. ruhen lassen. Nun **2 Min.** kneten. Milchiges Wasser durch den Garkorb abgießen, Vorgang 5- bis 6-mal wiederholen. Nach dem letzten Waschen ist der Seitan fertig, kann geschnitten und weiterverarbeitet werden.

MOTIVATIONS-TIPP

Geht mal woanders einkaufen!
Jeder hat seinen eigenen Lieblingsladen um die Ecke. Es ist aber immer schön, mal über den Tellerrand zu schauen. Nehmt euch die Zeit und entdeckt Neues im Regal!

JACKFRUIT
Immer häufiger findet man die aus Asien stammende Frucht in den Supermarktregalen. Sie ist wegen ihrer fast täuschend echten fleischähnlichen Konsistenz bei vielen Vegetariern und Veganern beliebt und eine willkommene Abwechslung. Pro 100 g stecken allerdings etwa 15 g Kohlenhydrate in diesem Fleischersatz.

Testet neue Produkte für euch und achtet einfach stets auf die Nährwerte und die Mengen, die ihr davon einsetzt.

MINI-BLUMENKOHLPIZZEN

PRO PORTION: 479 KCAL | 26 G E | 34 G F | 19 G KH
ZUTATEN FÜR 4 PERSONEN

- 400 g Blumenkohl, in Röschen
- Salz
- 100 g Parmesan, in Stücken
- 2 Eier
- 100 g Haselnusskerne
- frisch gemahlener schwarzer Pfeffer
- 400 g passierte Tomaten
- 15 g Tomatenmark
- 1 TL Ajvar
- ½ TL getrockneter Oregano
- 200 g Hokkaidokürbis, in etwa 1 cm dicken Spalten
- ½ Apfel, in feinen Scheiben
- 150 g geriebener Gratinkäse
- 1 TL grobes Meersalz
- Blättchen von 3 Stielen Basilikum, zum Garnieren

1 Blumenkohl in den ⌣ geben, **10 Sek. | Stufe 6** zerkleinern. Umfüllen, mit ½ TL Salz mischen. Etwa 10 Min. ziehen lassen.

2 Inzwischen den Backofen auf 200 °C Ober-/Unterhitze vorheizen. Parmesan in den ⌣ geben und **5 Sek. | Stufe 8** zerkleinern. Eier zufügen, **10 Sek. | Stufe 4** verquirlen, umfüllen.

3 Haselnüsse mit ausgedrücktem Blumenkohl in den ⌣ geben, **8 Sek. | Stufe 8** zerkleinern. Mit dem ⌂ nach unten schieben. Die Eimasse zufügen, mit jeweils 1 Prise Salz sowie Pfeffer würzen und **8 Sek. | Stufe 4** vermengen.

4 Masse zu 4 Portionen auf ein mit Backpapier ausgelegtes Blech geben und mit einem Löffel zu Fladen drücken. Im Backofen 10 Min. vorbacken. Den ⌣ spülen.

5 Inzwischen passierte Tomaten, Tomatenmark, Ajvar, Oregano sowie 1 TL Salz in den ⌣ geben und **10 Min. | 100 °C | Stufe 2** einkochen.

6 Böden aus dem Ofen nehmen, mit der Tomatensoße, den Kürbis- sowie Apfelscheiben belegen. Mit Käse, Meersalz sowie Pfeffer bestreuen und erneut 10 Min. backen. Mit Basilikum garniert servieren.

> **HINWEIS** Unser Rezept beweist: Der italienische Klassiker kann auch ohne Mehl und Hefe lecker und gesund sein!

VEGETARISCH

HALLOUMI-TALER

PRO PORTION: 725 KCAL | 35 G E | 58 G F | 12 G KH
ZUTATEN FÜR 4 PERSONEN

- 300 g Joghurt
- 20 g mittelscharfer Senf
- 1½ TL Salz
- frisch gemahlener schwarzer Pfeffer
- 1 Prise Zucker
- 50 g Leinsamen
- 200 g Karotten, in Stücken
- 300 g Zucchini, in Stücken
- 250 g Halloumi, in Stücken
- 100 g Gouda, in Stücken
- 2 Eier
- 4 EL Rapsöl
- 150 g Endiviensalat

1 Joghurt, Senf, 1 TL Salz, 4 Prisen Pfeffer sowie Zucker in den ⌣ geben, **10 Sek.** | **Stufe 3** verrühren und in eine Salatschüssel umfüllen. Den ⌣ spülen.

2 Leinsamen in den ⌣ geben, **10 Sek.** | **Stufe 10** zerkleinern und umfüllen. Karotten in den ⌣ geben und **5 Sek.** | **Stufe 5** zerkleinern. Zucchini, Halloumi sowie Gouda zugeben und **6 Sek.** | **Stufe 5** zerkleinern. Gemüse-Käse-Mischung auf zwei Lagen Küchenpapier geben, mit weiteren zwei Lagen Küchenpapier abdecken und die Masse kräftig ausdrücken.

3 Gemüse-Käse-Mischung, zerkleinerte Leinsamen, die Eier, ½ TL Salz sowie 4 Prisen Pfeffer in den ⌣ geben und **5 Sek.** | ⌢ | **Stufe 3** mischen.

4 Backofen auf 100 °C Ober-/Unterhitze vorheizen. 2 EL Öl in einer beschichteten Pfanne erhitzen. Ein Viertel der Gemüsemischung als 4 Taler in die Pfanne geben, etwas flach drücken und von jeder Seite bei mittlerer Hitze 3–4 Min. goldbraun braten. Dabei sehr vorsichtig, am besten mit zwei Pfannenwendern, wenden. Auf einem Teller im Ofen warm halten. Übrige Gemüsemischung unter Verwendung des restlichen Rapsöls ebenso zu Talern verarbeiten.

5 Endiviensalat zum Dressing in die Schüssel geben, mischen und zu den Halloumi-Talern servieren.

VEGETARISCH

SCHARFES BLUMENKOHLCURRY

PRO PORTION: 455 KCAL | 8 G E | 37 G F | 24 G KH
ZUTATEN FÜR 4 PERSONEN

- 20 g Ingwer, in Stücken
- 400 g Karotten, in Stücken
- 30 g natives Olivenöl extra
- 50 g Cashewkerne
- 2 TL Gemüse-Gewürzpaste
- 20 g rote Currypaste
- 250 g Blumenkohl, in Röschen
- 50 g Zuckerschoten
- ½ Chilischote, in Ringen
- Blättchen von 5 Stielen Koriander
- 400 g Kokosmilch (Dose)
- 1 EL Currypulver

1 Ingwer in den 🥣 geben und **2 Sek. | Turbo** zerkleinern. Karotten in den 🥣 einwiegen und **5 Sek. | Stufe 5** zerkleinern. Mit dem 🥄 nach unten schieben. Dann das Öl, 30 g Cashewkerne sowie Gewürz- und Currypaste zufügen, alles **2 Min. | 100 °C | Stufe 2** andünsten.

2 Blumenkohl, Zuckerschoten, Chili sowie Koriander, bis auf 1 TL zum Garnieren, zufügen und ebenfalls **5 Min. | 100 °C | ↻ | Stufe 2** dünsten. Danach mit der Kokosmilch ablöschen und mit dem Currypulver würzen. Das Curry **20 Min. | 90 °C | ↻ | Stufe 1** köcheln lassen. Restliche Cashewkerne grob hacken.

3 Anschließend das Blumenkohlcurry auf Tellern anrichten. Mit den gehackten Cashewkernen und den Korianderblättchen garniert servieren.

> **TIPP** Cashewkerne sind ein guter Lieferant für pflanzliches Eiweiß und helfen bei einer vegetarischen Lebensweise, euch ausgewogen zu ernähren. Chili regt zudem euren Stoffwechsel an und hat dadurch einen wärmenden und entgiftenden Effekt auf euren Körper.

VEGETARISCH

SPINAT-BOWL MIT TOFU

PRO PORTION: 349 KCAL | 20 G E | 20 G F | 25 G KH

ZZGL. 4 STD. RUHEZEIT
ZUTATEN FÜR 4 PERSONEN

- 40 g Sesamöl
- 65 g Sojasoße
- 1 TL Chiliflocken
- ½ TL Currypulver
- 20 g Limettensaft
- 1 Knoblauchzehe, in Scheiben
- 2–3 cm Ingwer, in Scheiben
- 300 g Tofu, in Würfeln
- 2 TL Reisessig
- 30 g Orangensaft
- 1 TL Honig
- 10 g mittelscharfer Senf
- 15 g Tahin
- 600 g Wasser
- 1 TL Salz
- 350 g grüne Bohnen
- 100 g Kichererbsen (Dose), abgetropft
- ¼ TL edelsüßes Paprikapulver
- 150 g Babyspinat
- 150 g braune Champignons, in Scheiben
- 2 TL geröstete Sesamsaat
- 60 g Blaubeeren
- 2 Frühlingszwiebeln, in schrägen Ringen

1 20 g Sesamöl, 40 g Sojasoße, Chiliflocken, Currypulver sowie 10 g Limettensaft in den ⌾ geben und **5 Sek. | Stufe 5** verquirlen. Knoblauch, Ingwer sowie Tofu zufügen, mit dem ⌇ kurz verrühren und in eine flache Schale umfüllen. Den Tofu mindestens 4 Std. marinieren lassen.

2 In der Zwischenzeit das Dressing zubereiten. Die restliche Sojasoße und übriges Sesamöl, Reisessig, 10 g Limettensaft, Orangensaft, Honig, Senf sowie Tahin in den ⌾ geben und **5 Sek. | Stufe 5** verrühren. Dressing umfüllen und den ⌾ spülen.

3 Wasser mit Salz in den ⌾ geben und den Garkorb einsetzen. Die Bohnen einwiegen und den Varoma® aufsetzen. Tofu und Kichererbsen nebeneinander im Varoma® verteilen. Kichererbsen mit Paprikapulver bestreuen, den Deckel aufsetzen und alles zusammen **20 Min. | Varoma® | Stufe 1** garen.

4 In der Zwischenzeit den Spinat auf Schüsseln verteilen. Dann Bohnen, Tofu, Kichererbsen und Champignons nebeneinander in der Schüssel anrichten. Das Dressing darüber verteilen und die Bowls mit Sesam, Blaubeeren und Frühlingszwiebelringen bestreut servieren.

> **BLUMENKOHLREIS** Zu der Bowl könnt ihr ganz wunderbar einen sogenannten Blumenkohlreis servieren. Zerkleinert dafür 500 g Blumenkohlröschen **4–5 Sek. | Stufe 5** im ⌾ und verteilt ihn auf dem Einlegeboden. Gart den Blumenkohlreis **13 Min. | Varoma® | Stufe 1** mit Tofu sowie Kichererbsen, entnehmt dann den Einlegeboden und gart den Rest fertig. Mit den übrigen Zutaten in der Schüssel verteilen. Ein „Reis" aus Blumenkohl ist natürlich kein Reis, sondern sieht nur so aus, daher trägt er diesen Namen. Und auch, weil ihr den so zubereiteten Blumenkohl in Gerichten ganz genau wie Reis als Beilage einsetzen könnt.

VEGETARISCH

BAUERNOMELETT

PRO PORTION: 184 KCAL | 15 G E | 12 G F | 4 G KH
ZUTATEN FÜR 4 PERSONEN

- 50 g Edamer, in Stücken
- 6 Eier
- 4 Prisen Salz
- 2 Prisen frisch gemahlener schwarzer Pfeffer
- 30 g Erbsen
- 4 Cornichons, in Scheiben
- 2 braune Champignons, in Scheiben
- 2 rote Zwiebeln, in Ringen
- 500 g Wasser

1 Den Käse in den ⌣ geben und **5 Sek.** | **Stufe 8** zerkleinern. Eier, Salz sowie Pfeffer zufügen, **10 Sek.** | **Stufe 3** verquirlen.

2 Den Einlegeboden mit Backpapier für den Varoma® oder normalem Backpapier auskleiden. Darauf achten, dass das Papier gleichmäßig in den Varoma® eingelegt wird, damit die Mischung nicht ausläuft. Die Ei-Masse einfüllen und Erbsen, Cornichons, Champignons sowie Zwiebelringe darauflegen.

3 Den ⌣ ausspülen, Wasser einfüllen und den Varoma® geschlossen aufsetzen. Das Omelett **18 Min.** | **Varoma®** | **Stufe 2** dämpfen. In Stücke schneiden und servieren.

> **TIPP** Je nach Jahreszeit könnt ihr das Omelett mit anderen Pilzen und eingelegten Tomaten, Paprika oder Jalapeños belegen. Verbraucht auch immer gern Kräuterreste aus dem Tiefkühler oder Blättchen eurer Küchenkräuter. Das Omelett könnt ihr frisch und heiß essen oder über Nacht im Kühlschrank kalt stellen, dann am nächsten Tag in Stücke schneiden und als Belag auf selbst gemachtes Low-Carb-Brot legen.

VEGETARISCH

AUBERGINENAUFLAUF

PRO PORTION: 500 KCAL | 21 G E | 37 G F | 16 G KH
ZUTATEN FÜR 4 PERSONEN

- 80 g Parmesan, in Stücken
- ½ altbackenes Brötchen
- 250 g Büffelmozzarella, abgetropft
- 2 Auberginen, in 1 cm dicken Scheiben
- 2 TL Salz
- 2 Schalotten
- Blättchen von 3 Stielen Oregano
- Blättchen von 4 Stielen Thymian
- ½ rote Chilischote, entkernt
- 40 g natives Olivenöl extra zzgl. etwas mehr zum Einfetten
- 800 g stückige Tomaten (Dose)
- 100 g Wasser
- 1½ TL Zucker
- frisch gemahlener schwarzer Pfeffer
- 100 g Rucola
- 30 g Weißweinessig

1 | Den Parmesan in den ⌇ geben, **10 Sek. | Stufe 10** zerkleinern und umfüllen. Das halbe Brötchen in den ⌇ geben, **8 Sek. | Stufe 8** mahlen und ebenfalls umfüllen.

2 | Mozzarella in den ⌇ geben, **1 Sek. | Turbo** zerkleinern und umfüllen. Den ⌇ spülen.

3 | Die Hälfte der Auberginenscheiben im Varoma® und auf dem Einlegeboden verteilen. Auberginen mit ½ TL Salz bestreuen, Einlegeboden einsetzen, den Varoma® verschließen.

4 | Schalotten, Oregano, Thymian sowie Chilischote in den ⌇ geben, **5 Sek. | Stufe 5** zerkleinern und mit dem ⌇ nach unten schieben. 20 g Öl zufügen und **2 Min. | 120 °C [TM31 Varoma®] | Stufe 1** dünsten.

5 | Tomaten, Wasser, 1 TL Salz, 1 TL Zucker sowie 3 Prisen Pfeffer zugeben, den Varoma® aufsetzen und alles **12 Min. | Varoma® | Stufe 1** garen.

6 | Den Varoma® absetzen und die gegarten Auberginenscheiben auf Küchenpapier legen. Die restlichen rohen Auberginenscheiben im Varoma® und auf dem Einlegeboden verteilen, mit ½ TL Salz würzen, Einlegeboden einsetzen, Varoma® verschließen, aufsetzen und **10 Min. | Varoma® | Stufe 1** garen.

7 | Backofen auf 200 °C vorheizen. Eine Auflaufform (ca. 24 × 20 cm) einfetten. Varoma® abnehmen und die Auberginenscheiben auf Küchenpapier geben. Die Tomatensoße evtl. nachwürzen.

8 | Auflaufform mit einem Drittel der Brötchenbrösel ausstreuen, ein Drittel der Auberginen in die Form legen, ein Drittel der Tomatensoße darauf verteilen, mit einem Drittel des Parmesans und der Hälfte des Mozzarellas bestreuen. Übrige Zutaten ebenso darüberschichten und dabei mit Parmesan abschließen. Den Auflauf 25 Min. überbacken.

9 | Rucola mit übrigen 20 g Olivenöl, Weißweinessig je 1 Prise Salz und Pfeffer vermengen und zu dem Auflauf servieren.

VEGETARISCH

KÜRBIS-PANCAKES MIT KRÄUTERQUARK

PRO PORTION: 293 KCAL | 25 G E | 12 G F | 20 G KH
ZUTATEN FÜR 4 PERSONEN

- Blättchen von 3 Stielen Minze
- Blättchen von ½ Bund Petersilie
- 500 g Magerquark
- Salz
- Saft und Abrieb von 1 unbehandelten Limette
- 300 g Hokkaidokürbis, in Stücken
- 150 g Karotten, in Stücken
- 500 g Wasser

- 1 TL Gemüse-Gewürzpaste
- 1 Knoblauchzehe
- 1 Schalotte
- 150 g Kidneybohnen (Dose), abgetropft
- 2 Eier
- 1 Eigelb
- frisch gemahlener schwarzer Pfeffer
- etwa 3 EL Pflanzenöl zum Ausbacken

1 | Für den Kräuter-Limetten-Quark die Minze mit der Petersilie in den ⌑ geben und **2 Sek. | Turbo** zerkleinern. Mit dem ⌑ nach unten schieben. Quark, ½ TL Salz, Limettensaft sowie -abrieb zufügen und **10 Sek. | Stufe 3** vermengen. Umfüllen und kühl stellen. Den ⌑ reinigen.

2 | Kürbis, Karotten, Wasser sowie Gewürzpaste in den ⌑ füllen und **10 Min. | 100 °C | ⌑ | Stufe 2** garen. Dann das Wasser abgießen. Den Knoblauch mit der Schalotte in den ⌑ geben und **8 Sek. | Stufe 6** zerkleinern. Mit dem ⌑ nach unten schieben, Kidneybohnen, Eier, Eigelb, je ¼ TL Salz sowie Pfeffer zufügen und alles **10 Sek. | Stufe 5** vermengen.

3 | Das Pflanzenöl in einer Pfanne erhitzen, aus der Masse Pancakes formen und im heißen Öl ausbacken. Die Pancakes mit dem Kräuter-Limetten-Quark servieren.

> **TIPP** Dank des Kürbisses bleibt ihr lange satt. Zudem stecken nur 5,5 g Kohlenhydrate in 100 g Hokkaido – er eignet sich also bestens für eure Low-Carb-Ernährung! Zu den Pancakes mit Dip passt frischer Feldsalat sehr gut, er hat eine nussige Note, die fein mit dem Kürbis harmoniert.

VEGETARISCH

KOKOSCURRY MIT BLUMENKOHLREIS

PRO PORTION: 350 KCAL | 11 G E | 28 G F | 19 G KH
ZUTATEN FÜR 4 PERSONEN

- 600 g Blumenkohl, in Röschen
- Salz
- 1 Zwiebel, halbiert
- 1 Knoblauchzehe
- 10 g Rapsöl
- 1 TL rote Currypaste
- 1 Msp. Currypulver
- 400 g Kokosmilch (Dose)
- 100 g + 2 EL Wasser

- 1 TL Gemüse-Gewürzpaste
- 1 Kaffir-Limettenblatt
- 2 grüne Paprikaschoten, in Stücken
- 150 g braune Champignons, in Scheiben
- 300 g Brokkoli, in Röschen
- 100 g Erbsen (TK)
- 100 g Zuckerschoten, schräg in Streifen geschnitten
- 1 TL Stärke
- 2 Frühlingszwiebeln, schräg in Ringe geschnitten

1 Die Hälfte des Blumenkohls in den ⬜ geben, **4 Sek. | Stufe 5** zerkleinern und in den Varoma® umfüllen. Mit der zweiten Hälfte ebenso verfahren und den ganzen Blumenkohl mit ¾ TL Salz vermischen.

2 Zwiebel mit Knoblauch in den ⬜ geben, **5 Sek. | Stufe 5** zerkleinern und mit dem ⬚ nach unten schieben. Rapsöl, Currypaste sowie -pulver zufügen und **2 Min. | Varoma® | Stufe 1** ohne Messbecher dünsten. Kokosmilch, Wasser, Gewürzpaste, Limettenblatt, Paprika und Champignons zugeben. Brokkoli und Erbsen auf dem Einlegeboden verteilen. Diesen in den Varoma® einsetzen und mit dem Deckel verschließen. Aufsetzen und alles **18 Min. | Varoma® | ⟲ | ⬚** garen.

3 Den Varoma® vorsichtig absetzen und den Blumenkohlreis warm halten. Die Zuckerschoten und das Gemüse vom Einlegeboden mit dem ⬚ unter das Curry im ⬜ heben. Die Stärke im Messbecher mit 2 EL Wasser anrühren, in den ⬜ geben und weitere **2 Min. | 100 °C | ⟲ | ⬚** erhitzen. Die Frühlingszwiebeln über das Kokoscurry streuen und zusammen mit dem Blumenkohlreis servieren.

>TIPP Blumenkohl ist ein echtes Allroundtalent, er schmeckt roh, gebraten, überbacken … Außerdem ist er kalorienarm, nährstoffreich und mild. Die Ballaststoffe regen die Verdauung an, so ist er in der leichten Küche sehr wertvoll. Fein zerkleinert erinnern die Röschen an Reis, weswegen diese Beilage in der Low-Carb-Küche den Namen Blumenkohlreis trägt.

VEGETARISCH

FRISCHKÄSEKUCHEN

PRO PORTION: 351 KCAL | 16 G E | 24 G F | 14 G KH
ZUTATEN FÜR 4 PERSONEN

- 15 g natives Olivenöl extra zzgl. etwas mehr zum Einfetten
- 100 g Frischkäse
- 150 g Quark
- 3 Paprikaschoten (gelb, rot und orange), geviertelt
- 50 g schwarze Oliven, entsteint
- 50 g Pistazienkerne, geröstet und gesalzen
- 2 Schalotten
- 50 g Feta, in Stücken
- 2 Eier
- 1 TL Stärke
- Salz
- frisch gemahlener schwarzer Pfeffer
- 1 kleine Gurke, entkernt, in Stücken
- Blättchen von 2 Stielen Minze
- 60 g frisch gepresster Orangensaft
- 1 TL Harissapaste
- 200 g Kirschtomaten, halbiert

1 Backofengrill auf 180 °C vorheizen. Eine kleine Springform (18 cm Ø) einfetten. Frischkäse und Quark in einem feinen Sieb 30 Min. abtropfen lassen.

2 Währenddessen die Paprikaviertel mit der Hautseite nach oben auf einen Rost geben. Auf der obersten Schiene unter dem vorgeheizten Backofengrill 10–12 Min. rösten, bis die Haut schwarze Blasen wirft. Paprika mit einem feuchten Tuch bedecken, ausdampfen lassen und häuten.

3 Die Oliven mit den Pistazien in den geben, **3 Sek. | Stufe 5** zerkleinern und umfüllen.

4 Schalotten in den geben, **6 Sek. | Stufe 5** zerkleinern, mit dem nach unten schieben. Öl zufügen, **4 Min. | Varoma® | Stufe 1** dünsten, zu der Pistazien-Oliven-Mischung umfüllen und abkühlen lassen.

5 Abgetropften Frischkäse und Quark, Feta, Eier sowie Stärke in den geben, **10 Sek. | Stufe 3** mischen. Die Pistazien-Oliven-Mischung, ½ TL Salz sowie 4 Prisen Pfeffer zugeben und **10 Sek. | Stufe 3** untermischen.

6 Die Hälfte der Paprika auf dem Boden der Springform verteilen, Käsemischung daraufstreichen. Restliche Paprika in 1 cm dicke Streifen schneiden, auf die Käsemischung legen. Auf der 2. Schiene von unten 30 Min. backen. Käsekuchen in der Form auf einem Gitter lauwarm abkühlen lassen. Den spülen.

7 Inzwischen Gurke, Minze, 2 Prisen Salz, 2 Prisen Pfeffer, Orangensaft und Harissa in den geben, **2 Sek. | Stufe 4,5** zerkleinern. Mit den Kirschtomaten in einer Schüssel mischen und mit dem Käsekuchen servieren.

> **TIPP** Wer gern Ziegenkäse mag, setzt 150 g davon anstelle von Frischkäse und Feta ein.

KOHLRABI MIT PORREE-CHAMPIGNON-RAHM

PRO PORTION: 163 KCAL | 6 G E | 10 G F | 7 G KH
ZUTATEN FÜR 4 PERSONEN

- 4 mittelgroße Kohlrabi, geschält
- Salz
- 2 Knoblauchzehen
- Blättchen von 1 Bund Kerbel
- 1 EL Rapsöl
- 1 Stange Porree, in schrägen Ringen
- 250 g braune Champignons, halbiert
- 3 Prisen frisch gemahlener schwarzer Pfeffer
- 50 g Weißwein
- 125 g Gemüsebrühe
- 100 g Crème fraîche

1 | Die Kohlrabi in kochendem Salzwasser 25–30 Min. garen. Inzwischen Knoblauch mit Kerbel in den ⌣ geben und **5 Sek.** | **Stufe 7** zerkleinern. Mit dem ⌐ nach unten schieben. Öl zufügen und **2 Min.** | **Varoma®** | **Stufe 2** andünsten.

2 | Den Porree mit den Champignons zugeben und alles **3 Min.** | **100°C** | ⌣ | **Stufe 2** garen. Mit 1 TL Salz und Pfeffer würzen. Weißwein, Brühe und Crème fraîche zufügen und **5 Min.** | **100°C** | ⌣ | **Stufe 2** aufkochen.

3 | Bei den Kohlrabi jeweils einen Deckel abschneiden, die Knollen mit einem Löffel aushöhlen. Dann das Innere würfeln und mit in den ⌣ geben. Die Gemüsemischung erneut **2 Min.** | ⌣ | **Stufe 2** erwärmen.

4 | Die ausgehöhlten Kohlrabi mit dem Porree-Champignon-Rahm füllen und sofort servieren.

> **TIPP** Statt die Kohlrabiknollen im Topf zu kochen, könnt ihr sie auch im Varoma® garen. Hierfür gebt ihr 700 g Wasser in den ⌣ und gart sie **35 Min.** | **Varoma®** | **Stufe 1**.

VEGETARISCH

SUPPEN

In Sachen Suppen macht dem Thermomix® keiner etwas vor. Mit diesen Tipps gibt's Abwechslung in der Schüssel!

PÜRIEREN

Für cremige Suppen ist der Thermomix® der ideale Helfer. Er püriert für euch genau so grob oder fein, wie ihr es mögt. Zudem gibt's beim Thermomix® auch keine Spritzer heißer Suppe, die beim Pürieren mit einem Mixstab auftreten können. Durch das stufenweise Pürieren wird Suppe himmlisch sämig. Beginnt mit dem Pürievorgang ab **Stufe 4** und dreht langsam am Rädchen, bis ihr **Stufe 10** erreicht habt.

EINMAL KOCHEN, LÄNGER GENIESSEN

Suppen und Eintöpfe haben den Vorteil, dass ihr abends eine große Menge vorbereiten und für den nächsten Tag aufbewahren könnt. Eintöpfe werden meist sogar noch besser, wenn sie über Nacht ziehen! Ihr könnt euer Gericht außerdem super einfrieren. Dafür die Suppe in Silikonbeutel füllen und im Tiefkühlfach lagern. Vor dem Aufwärmen in Stücke brechen und mit etwas Wasser im Thermomix® erhitzen.

GEMÜSE-GEWÜRZPASTE

Sie ist die Geschmacksgrundlage für Suppen und andere Gerichte. Verwendet 1–2 TL pro Gericht anstelle von Brühpulver oder Brühwürfeln.

Für 2 Gläser à 400 ml 3 getrocknete Tomaten mit 1 Knoblauchzehe im 🥣 **5 Sek. | Stufe 5** zerkleinern und mit dem 🥄 nach unten schieben. 700 g Suppengemüse in Stücken mit 150 g Meersalz zufügen und **20 Sek. | Stufe 8** zerkleinern. Gekühlt gelagert hält die Gemüse-Gewürzpaste mehrere Monate.

Basis REZEPT

SCHLUSS MIT VERFÄRBUNGEN

Beim Kochen mit farbintensiven Gewürzen wie Curry, Kurkuma oder Paprika kann es zu Verfärbungen des Deckels kommen. Legt ihr das Zubehör in die Sonne, verblassen diese Verfärbungen wieder.

ANDICKEN OHNE MEHL

Mit gefrorenen Karottenbreiwürfeln könnt ihr Suppen andicken und cremiger machen. Einfach 200 g übrig gebliebene, gegarte Karottenreste in den 🥣 geben und **20 Sek. | Stufe 3** zerkleinern. Die Masse in einen Eiswürfelbehälter füllen und einfrieren. Nun könnt ihr sie portionsweise entnehmen und verwenden.

LOW-CARB-CROÛTONS

Manchmal müssen es einfach Croûtons sein. Keine Sorge, ihr müsst darauf keinesfalls verzichten. Würfelt einfach unser Eiweißbrot von Seite 142 und erhitzt etwas Olivenöl in einer Pfanne. Bei mittlerer Hitze dann die Brotwürfel von allen Seiten goldbraun und knusprig braten. Etwas salzen und auf einem Küchenkrepp abtropfen lassen. Ihr könnt auch, wenn sie beginnen kross zu werden, fein gehackten Knoblauch zugeben. Das bringt zusätzliches Aroma auf die Suppe und macht richtig glücklich!

DAS GEWISSE ETWAS

Einige Suppen schmecken erst so richtig gut mit Beilagen wie Brot oder Croûtons. Aber es muss nicht immer das klassische Weißbrot sein. Probiert alternativ mal Gemüsechips aus! Sie verleihen eurem Gericht das gewisse Etwas. Und das Beste: Der Fantasie sind dabei keine Grenzen gesetzt. Probiert **Rote Bete, Topinambur, Zucchini oder Wirsing** aus! Knusprig-lecker!

Backofen auf 150 °C Umluft vorheizen. Gemüse schälen und mit einem Gemüsehobel in gleichmäßige Scheiben hobeln. Die Scheiben auf mit Backpapier ausgelegten Backblechen verteilen. Achtung: Für die Rote Bete ein Extra-Blech benutzen. Die Scheiben dünn mit etwas Öl bestreichen und im Backofen 40–60 Min. trocknen lassen. Die Rote Bete braucht etwas länger. Dabei zwischen Backofen und Tür einen Holzlöffel klemmen, damit die Feuchtigkeit entweichen kann. Chips komplett auskühlen lassen, mit Fleur de Sel und Paprikapulver würzen und in verschließbare Dosen füllen. Alsbald verzehren, die Chips verlieren schnell ihre Knusprigkeit.

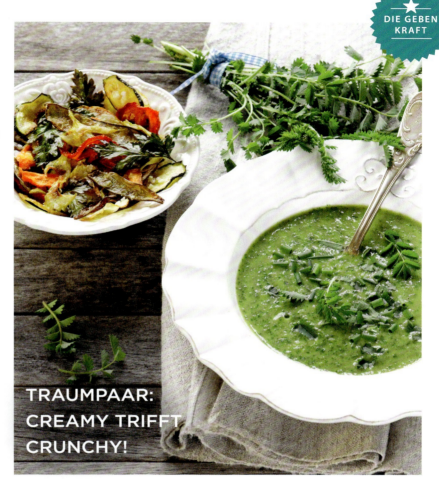

TRAUMPAAR: CREAMY TRIFFT CRUNCHY!

DIE GEBEN KRAFT

MIXTOPF EINFACH LEEREN

Um alle wertvollen Suppenreste aus dem zu holen, empfiehlt sich ein guter flexibler Spatel. Ein ganz besonderer Helfer ist der beliebte Calotti®, der genau zwischen die Klingen des Mixmessers passt. Er wird in Laufrichtung des Messers über den Boden des Mixtopfs geführt und nimmt dabei die Masse auf. Am besten eignet sich der Drehkellenspatel für Pasten, Pürees, Breikost oder Suppen. Auch bei Rezepten mit mehreren Zubereitungsschritten, bei denen Lebensmittel zwischendurch entnommen werden, hilft er euch effektiv. Das Zubehör und weitere flexible Silikonspatel findet ihr im ZauberTopf-Shop unter www.zaubertopf-shop.de

MOTIVATIONS-TIPP

Ein „Diät-Partner", dem ihr euch gern anvertraut, kann euch bei eurem Vorhaben prima unterstützen. Kleine Motivationstiefs könnt ihr so gemeinsam überwinden!

SPITZKOHLSUPPE MIT FLEISCHBÄLLCHEN

PRO PORTION: 548 KCAL | 33 G E | 36 G F | 16 G KH
ZUTATEN FÜR 4 PERSONEN

- 150 g Gouda, in Stücken
- 350 g gemischtes Hackfleisch
- 1 Ei
- 40 g Paniermehl
- 1 TL Salz
- ½ TL frisch gemahlener schwarzer Pfeffer
- 1 TL edelsüßes Paprikapulver
- 30 g Butter zzgl. etwas mehr zum Einfetten
- Blättchen von 6 Stielen Petersilie
- Blättchen von 4 Stielen Majoran
- 1 rote Paprikaschote, in Stücken
- 600 g Spitzkohl, in Stücken
- 1 Zwiebel, halbiert
- 1 EL Kümmelsamen
- 600 g Geflügelfond
- 10 g Apfelessig

1 Gouda in den ⌓ geben und **6 Sek. | Stufe 7** zerkleinern. Hackfleisch, Ei, Paniermehl, ½ TL Salz, ¼ TL Pfeffer sowie Paprikapulver zufügen, **30 Sek.** | ⚙ vermischen und umfüllen. Anschließend den ⌓ spülen.

2 Einlegeboden leicht einfetten. Aus der Hackfleischmischung 24 kleine Bällchen formen und auf dem Einlegeboden verteilen. In den Varoma® einsetzen und diesen verschließen.

3 Petersilie mit Majoran in den ⌓ geben, **3 Sek. | Stufe 8** zerkleinern und umfüllen. Paprikastücke in den ⌓ geben, **5 Sek. | Stufe 4** zerkleinern und umfüllen.

4 Den Spitzkohl mit der Zwiebel in den ⌓ geben, mithilfe des ⌓ **5 Sek. | Stufe 4** zerkleinern und mit dem ⌓ nach unten schieben. Butter mit Kümmel zufügen und ohne Messbecher **6 Min. | Varoma® | Stufe 2** dünsten.

5 Geflügelfond, Essig, zerkleinerte Paprika, ½ TL Salz, ¼ TL Pfeffer und die Hälfte der Kräutermischung zugeben. Den Varoma® aufsetzen und **22 Min. | Varoma® | Stufe 1** garen.

6 Varoma® absetzen und auf einen Teller stellen. Die Suppe abschmecken, umfüllen und die Fleischbällchen zugeben. Mit den restlichen Kräutern bestreuen und servieren.

> **TIPP** Spitzkohl ist eine prima Vitamin-C-Quelle – wie alle Kohlsorten – und versorgt euch unter anderem mit Zink. Beides stärkt eure Abwehrkräfte. Zudem ist die Kombi aus Hackfleisch und Kohl auch sättigend und kräftigend. Eine Portion wärmt und hält lange satt. Die Suppe ist ein echtes Soulfood, das einfach richtig guttut.

SUPPEN

KRÄUTERCREMESUPPE MIT GEMÜSECHIPS

PRO PORTION: 356 KCAL | 3 G E | 31 G F | 16 G KH
ZUTATEN FÜR 4 PERSONEN

- 1 Rote Bete
- 1 Pastinake
- ½ Zucchini
- 30 g natives Olivenöl extra
- 1 TL Salz
- 50 g gemischte Kräuter (z.B. Kerbel, Borretsch, Petersilie, Schnittlauch, Rucola)
- 150 g Frühlingszwiebeln, in Ringen

- 20 g Butter
- 550 g Wasser
- 2 EL Gemüse-Gewürzpaste
- 250 g Sahne
- 1 TL Salz
- 3 Prisen frisch gemahlener schwarzer Pfeffer
- 1 Prise frisch geriebene Muskatnuss
- 1 TL Johannisbrotkernmehl

1 Für die Chips den Backofen auf 200 °C Ober-/Unterhitze vorheizen. Das Gemüse schälen (dabei Einmalhandschuhe tragen) und in feine Scheiben hobeln. Mit Öl bestreichen und auf einem mit Backpapier belegten Blech etwa 15 Min. knusprig backen. Abkühlen lassen und leicht salzen.

2 Währenddessen die Kräuter in den ⌣ geben und **8 Sek. | Stufe 8** zerkleinern. 2 EL davon beiseitestellen. Die restlichen Kräuter umfüllen. Frühlingszwiebeln mit Butter in den ⌣ geben und **3 Min. | 100 °C | Stufe 2** andünsten.

3 Mit Wasser ablöschen. Die Gewürzpaste mit der Sahne und den Kräutern, bis auf die abgenommenen 2 EL, zufügen. Mit Salz, Pfeffer und Muskat würzen. Die Suppe **8 Min. | 100 °C | Stufe 2** garen. Johannisbrotkernmehl zugeben und alles **10 Sek. | Stufe 8** pürieren. Die Suppe erneut **5 Min. | 90 °C | Stufe 2** kochen. Danach in tiefe Teller geben. Mit den restlichen Kräutern und den Gemüsechips anrichten und servieren.

> **TIPP** In nur 25 Minuten ist diese Suppe gemixt. Die meisten Zutaten solltet ihr ohnehin schon vorrätig haben, frisch braucht ihr nur ein paar Lebensmittel aus der Gemüseabteilung. Natürlich könnt ihr auf die Gemüsechips auch verzichten und direkt mit dem Kochen der Suppe starten. Auch ein paar knusprige Laugenbrezeln oder Dinkelcracker eignen sich als Topping.

FISCH-MINESTRONE

PRO PORTION: 355 KCAL | 24 G E | 16 G F | 24 G KH
ZUTATEN FÜR 4 PERSONEN

- 1 Zwiebel, halbiert
- 1 Knoblauchzehe
- 30 g natives Olivenöl extra
- frisch gemahlener schwarzer Pfeffer
- 2 Prisen Zucker
- 800 g stückige Tomaten (Dose)
- 300 g Wasser
- 1 TL Gemüse-Gewürzpaste
- 1½ TL Salz
- 200 g Karotten, längs halbiert, in Scheiben
- 200 g Staudensellerie, in dünnen Scheiben
- 400 g Seelachsfilet, in Stücken
- Blättchen von 4 Stielen Basilikum

1 | Zwiebel mit Knoblauchzehe in den ⬚ geben, **5 Sek. | Stufe 5** zerkleinern und mit dem ⬚ nach unten schieben. 20 g Öl, 4 Prisen Pfeffer sowie den Zucker zufügen und ohne Messbecher **3 Min. | Varoma® | Stufe 1** dünsten.

2 | Tomaten, Wasser, Gewürzpaste, Salz und 4 Prisen Pfeffer zugeben, anstelle des Messbechers den Gareinsatz als Spritzschutz auf den Deckel des ⬚ stellen und **10 Min. | 100 °C | Stufe 1** garen.

3 | Die Karotten und den Sellerie zufügen und alles **5 Min. | 100 °C | Stufe 1** garen.

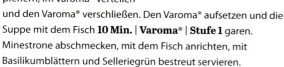

4 | Fisch rundum mit Öl beträufeln, salzen und pfeffern, im Varoma® verteilen und den Varoma® verschließen. Den Varoma® aufsetzen und die Suppe mit dem Fisch **10 Min. | Varoma® | Stufe 1** garen. Minestrone abschmecken, mit dem Fisch anrichten, mit Basilikumblättern und Selleriegrün bestreut servieren.

> **TIPP** Das Fischgericht ist sowohl Low Carb als auch Low Fat! Statt Seelachs könnt ihr übrigens auch Kabeljau verwenden. Achtet beim Einkauf von Fisch auf MSC- oder ASC-Siegel, die für nachhaltige Fischerei bzw. Zucht stehen.

SUPPEN

SPINAT-HACK-SUPPE
MIT FRISCHKÄSE

PRO PORTION: 530 KCAL | 23 G E | 46 G F | 6 G KH
ZUTATEN FÜR 4 PERSONEN

- 2 kleine Zwiebeln, halbiert
- 1 Knoblauchzehe
- 20 g natives Olivenöl extra
- 300 g gemischtes Hackfleisch
- 500 g Blattspinat (TK), aufgetaut
- 200 g Sahne
- 300 g Wasser
- 150 g Frischkäse ggf. etwas mehr zum Garnieren
- 2 TL Gemüse-Gewürzpaste
- 4 Prisen Salz
- 4 Prisen frisch gemahlener schwarzer Pfeffer
- 1 TL Chilipulver

1 Zwiebeln mit Knoblauch in 🥣 geben und **6 Sek.** | **Stufe 6** zerkleinern. Mit dem 🥄 nach unten schieben. Öl zufügen, **3 Min.** | **120°C [TM31 bitte Varoma®]** | **Stufe 2** andünsten.

2 Hackfleisch zugeben und **5 Min.** | **120°C [TM31 bitte Varoma®]** | 🔄 | **Stufe 1** andünsten. Alles umfüllen. Spinat, Sahne, Wasser, Frischkäse, Gewürzpaste, Salz, Pfeffer sowie Chillipulver in den 🥣 geben und **10 Min.** | **120°C [TM31 bitte Varoma®]** | **Stufe 2** aufkochen.

3 Anschließend die Suppe **20 Sek.** | **Stufe 8** pürieren. Dann die Hackfleisch-Zwiebel-Mischung zugeben und erneut **5 Min.** | **100°C** | 🔄 | **Stufe 1** kochen. Auf Schüsseln verteilen, ggf. mit etwas Frischkäse garnieren und servieren.

> **TIPP** Einfach, schnell, lecker – die Spinat-Hack-Suppe ist Low Carb und auch ein absoluter Familienliebling, denn sie schmeckt oft auch Kindern! Wenn Kids mitessen, solltet ihr beim Chili vorsichtig sein oder das Pulver erst anschließend auf die Portionen für die Erwachsenen streuen.

SUPPEN

KOHLRABICREMESUPPE MIT RÄUCHERLACHS

PRO PORTION: 276 KCAL | 13 G E | 17 G F | 14 G KH
ZUTATEN FÜR 4 PERSONEN

- 2 Schalotten
- 25 g Butter
- 120 g Kartoffeln, geschält und in Stücken
- 650 g Kohlrabi, in Stücken
- 2 TL Gemüse-Gewürzpaste
- 3 Prisen Salz
- 600 g heißes Wasser

- Abrieb von 1 unbehandelten Zitrone
- 200 g Sahne
- 2 Prisen Cayennepfeffer
- Blättchen von 6 Stielen Zitronenmelisse zzgl. etwas mehr zum Garnieren
- 150 g Räucherlachs, in Streifen

1 Schalotten in den geben, **5 Sek. | Stufe 5** zerkleinern und mit dem nach unten schieben. Butter zufügen und **3 Min. | 120°C [TM31 bitte Varoma®] | Stufe 1** dünsten. Kartoffeln mit Kohlrabi zugeben und **5 Sek. | Stufe 4** zerkleinern. Gewürzpaste, Salz sowie Wasser einfüllen und **10 Min. | 100°C | Stufe 1** kochen, dann weitere **15 Min. | 90°C | Stufe 1** köcheln lassen.

2 Zitronenabrieb mit Sahne zugeben und **30 Sek. | Stufe 5–9** schrittweise ansteigend fein pürieren. Die Suppe **3 Min. | 90°C | Stufe 1** erhitzen, mit Cayennepfeffer würzen und abschmecken. Zitronenmelisse zufügen und **10 Sek. | Stufe 10** pürieren. Kohlrabicremesuppe mit Räucherlachs und Zitronenmelisseblättchen servieren.

> **TIPP** Immer wieder wichtig: Low Carb ist nicht gleich No Carb! Hier sind 120 g mehligkochende Kartoffeln für eine herrliche Konsistenz verarbeitet und der Kohlenhydratgehalt pro Portion liegt dennoch nur bei 14 Gramm!

> **VARIANTE** Für mehr Abwechslung könnt ihr den Lachs durch die gleiche Menge geräuchertes Forellenfilet ersetzen. Dieses passt auch sehr gut in die Suppe.

SUPPEN

KARTOFFELCREMESUPPE MIT SENF UND SETZEI

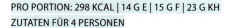

PRO PORTION: 298 KCAL | 14 G E | 15 G F | 23 G KH
ZUTATEN FÜR 4 PERSONEN

- etwas Öl zum Bestreichen
- 4 Eier
- 2 Schalotten
- 20 g Rapsöl
- 400 g Kartoffeln, geschält und in Stücken
- 2 TL Gemüse-Gewürzpaste
- 3 Prisen Salz
- 400 g kochendes Wasser
- 400 g Milch
- 1 Lorbeerblatt, mehrfach eingeschnitten
- 4 Prisen frisch geriebene Muskatnuss
- 30 g mittelscharfer Senf
- Abrieb von 1 unbehandelten Zitrone
- ½ Bund Schnittlauch, in Röllchen

1 Für die Eier 1 Tasse mit Frischhaltefolie (30 × 30 cm) auslegen und Folie dünn mit Öl bestreichen. 1 aufgeschlagenes Ei vorsichtig in die Tasse geben. Die Folie zu einem Beutel drehen, dabei möglichst wenig Luft „einpacken". Beutel mit Küchengarn zubinden, überstehende Folie bis auf 2 cm kürzen. Vorgang mit den restlichen 3 Eiern wiederholen. Beutel nebeneinander in den Garkorb legen. Den Garkorb in den Varoma® einsetzen, den Varoma® verschließen und zur Seite stellen.

2 Die Schalotten in den ⌂ geben, **5 Sek.** | **Stufe 5** zerkleinern und mit dem ⌂ nach unten schieben. Öl zufügen und **3 Min.** | **120 °C** | **Stufe 1** andünsten. Die Kartoffeln zugeben und **5 Sek.** | **Stufe 5** zerkleinern. Gewürzpaste, Salz, Wasser, Milch, Lorbeerblatt sowie Muskatnuss zufügen und **15 Min.** | **100 °C** | ⌂ kochen, dann weitere **5 Min.** | **90 °C** | ⌂ garen. Den Varoma® auf den ⌂ setzen und die Eier je nach gewünschter Konsistenz **12–14 Min.** | **Varoma®** | **Stufe 1** garen.

3 Den Varoma® abnehmen und auf einem Teller zur Seite stellen. Lorbeerblatt entnehmen. Senf mit Zitronenabrieb in den ⌂ zugeben und **30 Sek.** | **Stufe 5–9** schrittweise ansteigend fein pürieren. Anschließend die Suppe abschmecken.

4 Eier aus der Folie nehmen, Suppe mit den Eiern anrichten, mit Schnittlauchröllchen bestreuen und servieren.

> **TIPP** Die Setzeier tragen ihren Namen, weil sie mithilfe von Frischhaltefolie ins Wasser „gesetzt" werden. Durch das Garen in der Folie bleiben die Eier in Form und ihr könnt sie perfekt auf der Suppe anrichten. Natürlich könnt ihr sie auch einfach nach Belieben ganz klassisch wachsweich oder fest kochen und mit der Suppe servieren. Mit Setzeiern könnt ihr übrigens auch echte Wow-Effekte beim Dinner oder Brunch erzielen. Auf Salat oder Pumpernickel kommen die Eier ebenfalls groß raus!

KALTE TOMATENSUPPE MIT MEERRETTICHSCHAUM

PRO PORTION: 142 KCAL | 5 G E | 8 G F | 12 G KH
ZZGL. 30 MIN. RUHEZEIT
ZUTATEN FÜR 4 PERSONEN

- Blättchen von 4 Stielen Petersilie
- etwa 20 g Meerrettich
- 200 g Milch (am besten H-Milch, 1,5 % Fett)
- Salz
- frisch gemahlener schwarzer Pfeffer
- 1 Zwiebel, halbiert
- 1 Knoblauchzehe

- 1000 g Tomaten, halbiert
- 200 g Wasser
- 1 TL Gemüse-Gewürzpaste
- 200 g Tomatensaft
- 20 g natives Olivenöl extra
- ½ TL rosenscharfes Paprikapulver
- einige Spritzer Zitronensaft

1 Petersilie in den 🍵 geben, **3 Sek. | Stufe 8** zerkleinern und umfüllen. Den Meerrettich fein reiben und in den 🍵 geben. Milch, 3 Prisen Salz sowie 1 Prise Pfeffer zufügen und **5 Min. | 100 °C | Stufe 2** aufkochen, umfüllen und etwas ziehen lassen.

2 Zwiebel mit Knoblauch in den 🍵 geben und **5 Sek. | Stufe 5** zerkleinern. Mit dem 🥄 nach unten schieben. Tomaten, Wasser, Gewürzpaste, Tomatensaft sowie Öl zufügen und **1 Min. | Stufe 10** zerkleinern. Paprikapulver, Zitronensaft, 2 TL Salz, ½ TL Pfeffer zugeben und **10 Sek. | Stufe 4** vermengen. Die Mischung nach Belieben durch ein Sieb streichen und 30 Min. im Kühlschrank durchziehen lassen. Den 🍵 spülen.

3 Die Meerrettichmilch durch ein feines Sieb in den 🍵 geben und **3 Min. | Stufe 4** schaumig schlagen. Die kalte Tomatensuppe in Gläsern anrichten, eine Meerrettich-Milchschaumhaube aufsetzen und mit Petersilie garniert servieren.

> **TIPP** Noch erfrischender wird die Suppe, wenn ihr den Tomatensaft in Eiswürfelbehältern einfriert und die Tomateneiswürfel kurz vor dem Servieren mit der kalten Suppenbasis im 🍵 **45 Sek. | Stufe 10** fein mixt – perfekt an heißen Sommertagen!

SUPPEN

KAROTTENSUPPE MIT BLUMENKOHLRÖSTI

PRO PORTION: 314 KCAL | 4 G E | 25 G F | 20 G KH
ZUTATEN FÜR 4 PERSONEN

- 80 g natives Olivenöl extra
- ½ TL Currypulver
- 3 Prisen Zimtpulver
- 200 g Blumenkohl, in Röschen
- 2 Schalotten
- 2 cm Ingwer
- 1 Knoblauchzehe
- 500 g Karotten, in Stücken
- 700 g Wasser
- 150 g Orangensaft
- 1 TL Gemüse-Gewürzpaste
- 2 Prisen frisch geriebene Muskatnuss
- ½ TL Salz
- 4 Prisen frisch gemahlener schwarzer Pfeffer
- 1 EL Kürbiskernöl zum Garnieren
- 2 EL Sesamsaat

1 Den Backofen auf 200 °C Ober-/Unterhitze vorheizen. Ein Blech mit Backpapier auslegen. 50 g Öl mit Currypulver und Zimt mischen. Blumenkohl mit Gewürzöl vermengen und auf dem Backblech verteilen. Im heißen Ofen etwa 20 Min. backen.

2 In der Zwischenzeit Schalotten, Ingwer sowie Knoblauch in den geben und **8 Sek.** | **Stufe 8** zerkleinern. Mit dem nach unten schieben. Karotten sowie übriges Öl zufügen und **3 Min.** | **100 °C** | **Stufe 1** andünsten.

3 Mit Wasser und Orangensaft ablöschen. Gewürzpaste sowie Gewürze zugeben und alles **20 Min.** | **100 °C** | **Stufe 2** einkochen. Anschließend **40 Sek.** | **Stufe 6–8–10** aufsteigend pürieren. Die Karottensuppe auf Schüsseln verteilen und mit Kürbiskernöl, Sesamsaat sowie Blumenkohlrösti garniert servieren.

> **TIPP** Die Blumenkohlröschen sind durch das Rösten und die Zugabe von Sesam extracrunchy und superaromatisch. Dieses geniale und gesunde Topping könnt ihr auch für grüne Salate und andere Suppen zubereiten – diese „Rösti" sind ein echter Geheimtipp.

SUPPEN

KOHLSUPPE MIT GARNELEN

PRO PORTION: 408 KCAL | 24 G E | 29 G F | 17 G KH
ZUTATEN FÜR 4 PERSONEN

- 2 Zwiebeln, geviertelt
- 2–3 Knoblauchzehen
- 1 TL Sonnenblumenöl
- 180 g Porree, in Stücken
- 400 g Wirsing, in groben Stücken
- 150 g Knollensellerie, in Würfeln
- 1000 g Wasser
- 5 TL Gemüse-Gewürzpaste
- 300 g Mangold, in groben Stücken
- 4 Garnelenspieße (à 50 g)
- 1 EL natives Olivenöl extra
- 300 g Frischkäse
- 1 Msp. frisch geriebene Muskatnuss
- 1 TL Salz
- 3 Prisen frisch gemahlener schwarzer Pfeffer
- einige gemischte Kräuter, gehackt

1 | Zwiebeln mit Knoblauch in den ⌴ geben und **5 Sek.** | **Stufe 5** zerkleinern, mit dem ⌴ nach unten schieben. Das Sonnenblumenöl zufügen und **3 Min.** | **120 °C** **[TM31 bitte Varoma®]** | **Stufe 2** andünsten. Das restliche Gemüse, bis auf den Mangold, zugeben und **4 Sek.** | **Stufe 4** zerkleinern.

2 | Wasser mit Gewürzpaste zufügen und **15 Min.** | **100 °C** | **Stufe 2** garen. Mangold nach 7 Min. hineingeben, weitergaren. In der Zwischenzeit die Garnelenspieße in Olivenöl anbraten.

3 | Frischkäse mit restlichen Gewürzen, bis auf die Kräuter, in den ⌴ geben und **10 Sek.** | **Stufe 6–8–10** aufsteigend pürieren. Die Suppe mit frischen Kräutern in Schüsseln anrichten, dazu die gebratenen Garnelenspieße servieren.

> **TIPP** Wirsing hat sowohl im Sommer als auch im Winter Saison – aromatischer schmeckt der dunklere Winter-Wirsing, er ist würziger im Geschmack. Anstelle von Mangold könnt ihr immer Blattspinat verwenden, er ist ebenfalls ganzjährig zu bekommen.

SUPPEN

BROT UND BRÖTCHEN

Ihr wollt unter die Low-Carb-Bäcker gehen? Mit unseren Tipps und der zuverlässigen Teigstufe kann es losgehen!

EIWEISSPULVER BEIM BACKEN VERWENDEN

Eiweißpulver wird auch Proteinpulver genannt. Dieses Lebensmittel enthält kaum Fett oder Kohlenhydrate und wird deshalb gern zur Ergänzung in der Low-Carb-Ernährung verwendet. Rund 50 g Mehl könnt ihr bei einem durchschnittlichen Backrezept durch Protein- bzw. Eiweißpulver ersetzen.

Ein gutes Proteinpulver enthält keine unnötigen Zusatzstoffe, es besteht z. B. aus Milch- oder Molkeeiweiß, Hühnereiern, Reis, Erbsen, Kürbiskernen oder Soja.

Die zweite wichtige Zutat im Pulver ist Johannisbrotkernmehl – dieses bindet die Backzutaten. Das macht normalerweise das Gluten in eurem herkömmlichen Mehl.

Weitere Zutaten, die enthalten sein können, sorgen meist nur für zusätzlichen Geschmack oder Süße und sind daher nicht notwendig. Ergänzt Aromen wie Vanille lieber selbst mit dem echten Rohstoff.

LOWTELLA

Ihr wollt auch etwas Süßes aufs Brot, aber kein schlechtes Gewissen haben? Dann probiert unbedingt unsere superleckere Low-Carb-Variante des Frühstücksklassikers! Für 1 Glas à 300 ml 30 g Haselnüsse und 1 EL Kakaopulver **20 Sek. | Stufe 10** im mahlen. Dann 50 g fettarmen Joghurt sowie 10 g Honig zugeben und **1 Min. | Stufe 7** pürieren. Zwischendurch mit dem Spatel nach unten schieben. 200 g Skyr zufügen und **20 Sek. | Stufe 4** verrühren. Innerhalb von 1 Woche aufbrauchen.

LOW-CARB-MEHLE IM CHECK

MEHL	KOHLENHYDRATE	GESCHMACK
Süßlupinenmehl	2 g/100 g	leicht süß, nussig
Sojamehl	3 g/100 g	nussig und mild
Mandelmehl	4 g/100 g	leicht bitter
Kokosmehl	9 g/100 g	milchig, süß und nussig

ZUM VERGLEICH

Weizenmehl	75 g/100 g	neutral

SCHEIBEN AUF VORRAT

Abends großen Hunger, aber keine Lust auf Kochen? Sorgt vor! Backt ein Low-Carb-Brot, schneidet es in Scheiben und friert sie portionsweise ein. Jetzt nur noch bei Bedarf schnell auftoasten und genießen!

ELASTISCHE TEIGE

Ohne Gluten, bzw. Klebereiweiß, von Getreidemehl braucht ihr andere Bindemittel. Diese sind in Eiern, Nüssen, Chia- und Leinsamen, Flohsamenschalen, Eiweißpulver und Johannisbrotkernmehl enthalten.

MEHL CLEVER ERSETZEN

Es gibt kohlenhydratarme Mehl-Alternativen, mit denen ihr in Backrezepten einen Teil des Weizenmehls ersetzen könnt. Ein Ersatz 1:1 funktioniert zwar nicht, da diese Mehle kein Klebereiweiß Gluten enthalten, in der Regel könnt ihr aber 10–20 Prozent des Weizenmehls austauschen. Da die Ersatzmehle sehr trocken sind, muss die Flüssigkeitsmenge erhöht oder ein weiteres Ei zum Teig gegeben werden. **Welche Low-Carb-Mehle gibt's?** Erdnussmehl, Haselnussmehl, Kokosmehl, Leinsamenmehl, Linsenmehl, Mandelmehl, Sojamehl, Süßlupinenmehl, Traubenkernmehl.

NUSSMEHLE

Nussmehle sind nicht einfach gemahlene Nüsse. Letztere haben einen deutlich höheren Fettgehalt und mehr Kalorien. Das Weizenmehl in eurem Rezept könnt ihr nicht 1:1 durch Nussmehl ersetzen, da diese mehr Feuchtigkeit binden. Achtet am besten auf die Packungsangabe. Wenn ihr zu gemahlenen Nüssen greift, könnt ihr damit bis zu 50 % des Weizenmehls austauschen.

MOTIVATIONS-TIPP

Findet einen Sport, den ihr mögt!
Sport soll keine Qual sein, sondern etwas, das euch guttut und euch motiviert, am Ball zu bleiben. Sucht euch eine Sportart, die euch wirklich Spaß macht.

AUCH ALS SNACK FÜR ZWISCHENDURCH

AUF IN DIE BACKSTUBE!

LOW-CARB-KNÄCKEBROT

60 g Leinsamen im 🥣 **8 Sek. | Stufe 8** zerkleinern. 35 g Leinsamen, 15 g Chiasamen, 10 g Sesam und ¼ TL Salz zufügen, **10 Sek. | Stufe 3** vermischen. 150 g warmes Wasser zugeben und **20 Sek. | Stufe 3** verrühren, 10 Min. quellen lassen. Backofen auf 180 °C Ober-/Unterhitze vorheizen. Backblech mit 1 EL Rapsöl einfetten, mit Backpapier belegen, dieses mit 1 EL Rapsöl einfetten. Ohne Messbecher **20 Sek. | Stufe 3** verrühren, dabei 50 g warmes Wasser durch die Deckelöffnung zugeben. Weitere 10 Min. quellen lassen. Mischung dünn auf dem Backblech verstreichen, auf der mittleren Schiene 45 Min. backen. Das Knäckebrot ist fertig, wenn die ganze Flüssigkeit verdampft und das Brot schön kross geworden ist.

VOLLES KORN VORAUS

Wenn ihr euer Mehl selbst schrotet und mahlt, könnt ihr herkömmliches Weizenmehl ersetzen. Durch das Mahlen bekommt ihr Vollkornmehl – in kleinen Mengen bei einer Low-Carb-Ernährung erlaubt – und somit mehr Nährstoffe. Probiert auch Roggen- und Dinkelkörner oder Buchweizen aus. Einfach 200 g Körner in den 🥣 geben und **1 Min. | Stufe 10** mahlen.

KERNIGES NUSSBROT OHNE MEHL

PRO SCHEIBE: 266 KCAL | 14 G E | 21 G F | 11 G KH
ZUTATEN FÜR 1 BROT À 12 SCHEIBEN

- 160 g gemischte Nusskerne
- 120 g Leinsamen
- 40 g Flohsamenschalen
- 420 g Wasser
- 100 g Sonnenblumenkerne
- 50 g Kürbiskerne
- 2 TL Salz
- 40 g natives Olivenöl extra
- 30 g Mandelmus

1 Die gemischten Nusskerne in den geben, **5 Sek. | Stufe 6** zerkleinern und umfüllen.

2 Leinsamen und Flohsamenschalen im **10 Sek. | Stufe 10** pulverisieren und mit dem nach unten schieben. Wasser zugeben und **5 Sek. | Stufe 3** vermengen. 2 Min. quellen lassen.

3 Den Backofen auf 180 °C Umluft vorheizen. Zerkleinerte Nüsse, Sonnenblumenkerne, Kürbiskerne, Salz, Olivenöl sowie Mandelmus in den geben und alles **2 Min. |** vermengen.

4 Den Teig in eine mit Backpapier ausgelegte Kastenform (24 cm Länge) füllen. 40 Min. backen, dann aus der Form nehmen und weitere 35–40 Min. backen. Das Brot auf einem Rost gut auskühlen lassen.

> **TIPP** Das Brot lässt sich portionsweise einfrieren. Am besten jeweils 2–4 Scheiben pro Gefrierbeutel, so könnt ihr jeden Morgen oder Abend eine Portion entnehmen und selbst gebackenes Brot genießen. Wiederverwendbare Silikon-Beutel eignen sich dafür besonders gut. Ihr findet sie unter www.zaubertopf-shop.de

BROT & BRÖTCHEN

BANANEN-HAFER-BROT

PRO SCHEIBE: 165 KCAL | 5 G E | 6 G F | 21 G KH
ZUTATEN FÜR 1 BROT À 16 SCHEIBEN

- 30 g Walnusskerne
- 3 reife Bananen, in Stücken
- 2 Eier
- 200 g Dinkelmehl Type 630
- 100 g Mehl Type 505
- 100 g Haferflocken
- 1 TL Zimtpulver
- 80 g Margarine
- 1 Pck. Backpulver
- 100 g Buttermilch
- 1 Prise Salz

1 | Backofen auf 175 °C Ober-/Unterhitze vorheizen. Walnüsse in den 🥣 geben und **4 Sek.** | **Stufe 5** hacken, umfüllen. Bananen mit Eiern in den 🥣 geben und **20 Sek.** | **Stufe 6** aufschlagen. Restliche Zutaten, bis auf die Walnüsse, zufügen und **50 Sek.** | **Stufe 3** zu einem glatten Teig vermengen.

2 | Eine Kastenform (25 cm Länge) mit Backpapier auslegen und den Teig gleichmäßig darin verstreichen. Die zerkleinerten Walnüsse über dem Teig verteilen und das Brot im vorgeheizten Ofen etwa 1 Std. backen.

> **TIPP** Das Bananen-Hafer-Brot schmeckt nicht nur gut, sondern tut auch gut: Haferflocken und Dinkelmehl sorgen dafür, dass ihr lange satt bleibt. Walnüsse gelten als echtes Brainfood, das die Nerven stärkt und die Konzentration fördert. Die Bananen verleihen dem Brot eine angenehme Süße und glänzen ebenfalls mit viel Magnesium sowie Kalium – Muskeln und Nerven werden es euch danken! Da das Brot leicht süßlich schmeckt, könnt ihr es auch zur Kaffeezeit mit etwas Margarine und Konfitüre genießen.

QUARK-KÖRNER-BRÖTCHEN

PRO STÜCK: 370 KCAL | 27 G E | 18 G F | 16 G KH
ZZGL. 30 MIN. RUHEZEIT
ZUTATEN FÜR 4 STÜCK

- 3 Eier
- 250 g Magerquark
- 30 g Sonnenblumenkerne
- 15 g Leinsamen
- 15 g Flohsamenschalen
- 55 g Weizenkleie
- 1 Pck. Weinstein-Backpulver
- 20 g Kichererbsenmehl
- 1 TL Salz
- etwa 100 g gemischte Körner zum Wälzen

1 Die Eier mit dem Quark in den ⌣ geben, **15 Sek. | Stufe 4** mischen und mit dem ⟋ nach unten schieben. Sonnenblumenkerne, Leinsamen, Flohsamenschalen, Weizenkleie, Backpulver, Kichererbsenmehl sowie Salz zufügen und alles **20 Sek. | Stufe 4** vermischen. Den Teig in eine Schüssel geben und abgedeckt 30 Min. quellen lassen.

2 Den Backofen auf 220 °C Ober-/Unterhitze vorheizen. Ein Blech mit Backpapier belegen.

3 Körnermischung auf einen flachen Teller schütten. Teig mit dem ⟋ in 4 Portionen teilen. Mit feuchten Händen zu länglichen Brötchen formen, in den Körnern wälzen, auf das Backblech legen und der Länge nach mit dem ⟋ einkerben. Brötchen auf der zweiten Schiene von unten 30 Min. backen, auf einem Rost abkühlen lassen und servieren.

> **TIPP** Für einen gelungenen Start in den Tag könnt ihr eure Brötchen zum Beispiel mit Frischkäse und Gemüse-Topping oder fettarmer Putenbrust als Aufschnitt belegen.

BROT & BRÖTCHEN

WALNUSSBROT

PRO SCHEIBE: 110 KCAL | 5 G E | 7 G F | 5 G KH
ZUTATEN FÜR 1 BROT À 12 SCHEIBEN

- 50 g Leinsamen
- 100 g Walnusskerne
- 50 g Weizenkleie
- 1 TL Backpulver
- 1½ TL Salz
- 2 Eier
- 250 g Magerquark

1 Backofen auf 200 °C Ober-/Unterhitze vorheizen. Leinsamen in den geben und **5 Sek. | Stufe 8** schroten. Walnusskerne hinzufügen und **5 Sek. | Stufe 5** hacken.

2 Weizenkleie, Backpulver, Salz, Eier und Quark zugeben und **15 Sek. | | Stufe 5** glatt rühren. Mithilfe des einmal gut vermengen. Den Teig 10 Min. quellen lassen.

3 Den Teig in eine mit Backpapier ausgekleidete Kastenform geben und mit dem glatt verstreichen. Auf der mittleren Schiene im Backofen 40 Min. backen. Den reinigen.

FLEISCHSALAT

PRO PORTION (30 G): 62 KCAL | 2 G E | 5 G F | 1 G KH
ZUTATEN FÜR 500 G FLEISCHSALAT

- Blättchen von ½ Bund Petersilie
- 150 g Fleischwurst, in Stücken
- 60 g Staudensellerie, in Stücken
- 125 g Gewürzgurken, halbiert
- 20 g Mayonnaise
- 100 g Joghurt
- 10 g mittelscharfer Senf
- 20 g Gewürzgurkensud
- ½ TL Salz
- 4 Prisen Pfeffer

Petersilie, bis auf etwas zum Garnieren, im 6 Sek. | **Stufe 8** zerkleinern und umfüllen. Wurst in den geben, mithilfe des **4 Sek. | Stufe 5** zerkleinern und ebenfalls umfüllen. Sellerie und Gewürzgurken in den geben, **4 Sek. | Stufe 5** zerkleinern. Restliche Zutaten, die zerkleinerte Petersilie sowie die Wurst zufügen, **10 Sek. | | Stufe 4** vermengen. Mit dem nach unten schieben. Den Vorgang wiederholen.

> **TIPP** Richtig schön deftig – Brot und Fleischsalat, mit dem Thermomix® selbst zubereitet, ist schon etwas Besonderes. Beide sind kohlenhydrat- und fettarm, somit könnt ihr euch guten Gewissens satt essen.

BROT & BRÖTCHEN

EIWEISSBROT

PRO SCHEIBE: 104 KCAL | 7 G E | 6 G F | 7 G KH
ZUTATEN FÜR 1 BROT À 20 SCHEIBEN

- 50 g Weizenkörner
- 125 g Mandelkerne
- 100 g Leinsamen
- 300 g Magerquark
- 8 Eiweiß

- 50 g Weizenkleie
- 1 Pck. Backpulver
- Salz
- 20 g Sonnenblumenkerne
- 10 g Sesamsaat

1 Backofen auf 200 °C Ober-/Unterhitze vorheizen. Zunächst Weizenkörner mit Mandelkernen in den ⌬ geben, **30 Sek. | Stufe 10** mahlen und umfüllen. Leinsamen in den ⌬ einwiegen und **5 Sek. | Stufe 8** schroten.

2 Quark, Eiweiße sowie Weizenkleie hinzufügen und **20 Sek. | Stufe 4** vermengen. Mandel-Weizen-Mix mit Backpulver und 1 TL Salz mischen, in den ⌬ geben, **1 Min. |** ⚒ verkneten.

3 Teig in eine mit Backpapier ausgelegte Kastenform (24 cm) füllen. Mit Sonnenblumenkernen sowie Sesamsaat bestreuen und im Ofen etwa 1 Std. backen. Den ⌬ spülen.

4 Das Brot aus dem Ofen nehmen, in der Form abkühlen lassen. Dann auf ein Rost stürzen und vollständig auskühlen lassen. Mit dem Dip servieren.

> **TIPP** Das Brot bleibt im Brotkasten gelagert etwa 1 Woche frisch. Ihr könnt es auch einfrieren. Am besten in Scheiben, die ihr einzeln im Toaster auftauen könnt.

ROTE-BETE-CREME

PRO PORTION (30 G): 36 KCAL | 3 G E | 1 G F | 4 G KH
ZUTATEN FÜR 550 G AUFSTRICH

- 50 g Kürbiskerne
- Blättchen von ½ Bund Petersilie
- 300 g gegarte Rote Bete, in Stücken

- 100 g Kichererbsen (Dose), abgetropft
- 100 g körniger Frischkäse
- 3 Prisen frisch gemahlener schwarzer Pfeffer

Kürbiskerne in den ⌬ geben und **30 Sek. | Stufe 8** zerkleinern. Petersilie, Rote Bete, Kichererbsen sowie den körnigen Frischkäse zufügen und **30 Sek. | Stufe 1–6** aufsteigend pürieren. Mit ½ TL Salz sowie Pfeffer abschmecken und bis zum Servieren kühl stellen.

SAMENBROT

PRO SCHEIBE: 174 KCAL | 8 G E | 14 G F | 7 G KH
ZZGL. 40 MIN. RUHEZEIT
ZUTATEN FÜR 1 BROT À 16 SCHEIBEN

- 120 g Mandelkerne
- 90 g Leinsamen
- 30 g Walnusskerne
- 3 Eier
- 180 g lauwarmes Wasser
- 50 g Butter
- 60 g Sojamehl

- 30 g Sonnenblumenkerne
- 30 g Kürbiskerne
- 30 g Sesamsaat
- 30 g Haferkleie
- 1 TL Salz
- 1 Pck. Trockenhefe
- ½ Pck. Backpulver

1 Mandeln in den ⌴ geben, **20 Sek. | Stufe 10** zerkleinern, umfüllen. 60 g Leinsamen und die Walnüsse in den ⌴ füllen, **20 Sek. | Stufe 8** schroten, zu den Mandeln in die Schüssel geben.

2 Eier im ⌴ **1 Min. | Stufe 4** schaumig schlagen, mit Wasser und 30 g Butter **2 Min. | 37°C | Stufe 1** erwärmen. Zerkleinerte Samen, Nüsse, alle weiteren Zutaten, bis auf Rest Butter, und übrige Leinsamen hinzufügen, **2 Min. |** zu einem zähen Teig kneten.

3 In der Zwischenzeit eine Brotbackform mit 20 g Butter fetten. Den Teig hineingeben, 40 Min. an einem warmen Ort gehen lassen. Im vorgeheizten Backofen bei 180 °C Ober-/Unterhitze etwa 40 Min. backen.

> **TIPP** Das Brot enthält wenig Kohlenhydrate, aber durch den hohen Kerne- und Samenanteil viel Fett. Belegt es daher fettarm, etwa mit Salatblättern, Gurken, Sprossen oder Tomaten.

EIER-TOMATEN-AUFSTRICH

PRO PORTION: 125 KCAL | 8 G E | 9 G F | 3 G KH
ZUTATEN FÜR 4 PERSONEN

- 4 Eier
- 500 g Wasser
- 1 mittelgroße Zwiebel, halbiert
- 180 g Tomaten, in Stücken

- 50 g Crème fraîche
- Salz
- frisch gemahlener schwarzer Pfeffer
- Blättchen von 2 Stielen Petersilie

1 Die Eier in den Garkorb legen. Wasser in den ⌴ füllen, Garkorb einhängen und Eier **14 Min. | Varoma® | Stufe 1** garen. Kalt abschrecken, auskühlen lassen, pellen. Den ⌴ spülen.

2 Zwiebel in den ⌴ geben, **3 Sek. | Stufe 5** zerkleinern. Mit dem ⌴ nach unten schieben. Eier mit den Tomaten zugeben,

3 Sek. | Stufe 5 hacken. Crème fraîche, Gewürze sowie Petersilie hinzufügen, alles **3 Sek. | Stufe 4** vermengen und kalt stellen.

> **TIPP** Am besten schmeckt der Aufstrich mit geschälten Tomaten. Dafür die Tomaten im Garkorb **3 Min. | Varoma® | Stufe 1** erhitzen, kalt abschrecken und die Haut abziehen.

BROT & BRÖTCHEN

SÜSSES EIWEISSBROT

PRO SCHEIBE: 224 KCAL | 13 G E | 16 G F | 10 G KH
ZZGL. 30 MIN. RUHEZEIT
ZUTATEN FÜR 1 BROT À 10 SCHEIBEN

- 180 g geschälte Mandelkerne
- 5 Eiweiß
- 1 Prise Salz
- 30 g Zucker
- 3 Eigelb
- 250 g Sojamilch
- 40 g Leinsamen, geschrotet
- 80 g Sojamehl
- 1 Pck. Trockenhefe
- ½ Pck. Backpulver
- etwas Öl zum Einfetten der Form

1 | Mandeln im ⌂ **10 Sek.** | **Stufe 10** mahlen, umfüllen. ⌂ säubern. Eiweiße mit Salz in den fettfreien ⌂ geben, Rühraufsatz einsetzen, **Stufe 4** ohne Zeiteinstellung unter Sichtkontakt steif schlagen. Dabei nach und nach Zucker durch die Deckelöffnung einrieseln lassen. Umfüllen, Rühraufsatz entnehmen.

2 | Eigelbe mit Sojamilch im ⌂ **2 Min.** | **37°C** | **Stufe 3** erwärmen. 160 g gemahlene Mandeln, die weiteren trockenen Zutaten sowie den Eischnee hinzufügen und **2 Min.** | ⇟ verkneten. Mit dem ⇟ nach unten schieben, erneut **30 Sek.** | ⇟ verkneten, bis ein zäher Teig entstanden ist. An einem warmen Ort 30 Min. abgedeckt gehen lassen.

3 | Den Backofen auf 180 °C Ober-/Unterhitze vorheizen. Eine Kastenform (24 cm) mit Butter fetten, mit den übrigen gemahlenen Mandeln ausstreuen, Teig einfüllen. Im Ofen etwa 1 Std. backen. Falls die Oberfläche droht zu dunkel zu werden, das Brot mit Alufolie abdecken. Herausnehmen, aus der Form lösen und abkühlen lassen.

NULLO-KONFITÜRE

PRO PORTION (20 G): 8 KCAL | 1 G E | 0 G F | 1 G KH
ZUTATEN 3 GLÄSER À 200 ML

- 4 Blatt Gelatine
- 400 g frische Erdbeeren oder TK, aufgetaut
- 150 g frische Himbeeren oder TK, aufgetaut
- 10 g flüssiger Süßstoff

1 | Gelatine 5 Min. in kaltem Wasser einweichen. Beeren in den ⌂ geben, **4 Sek.** | **Stufe 6** zerkleinern und mit dem ⇟ nach unten schieben. Dann **6 Min.** | **100°C** | **Stufe 2** kochen.

2 | Inzwischen die Gelatine ausdrücken und mit dem Süßstoff in den ⌂ geben, weitere **30 Sek.** | **Stufe 4** unterrühren.

3 | Konfitüre in sterile Gläser füllen, Deckel verschließen und auskühlen lassen.

> **HALTBARKEIT** Durch den fehlenden Zucker wird die Haltbarkeit der Konfitüre stark reduziert. Ihr solltet sie stets kühl lagern und innerhalb von 2 Wochen verbrauchen.

BROT & BRÖTCHEN

TOMATENFRISCHKÄSE
MIT AVOCADO

PRO PORTION: 370 KCAL | 22 G E | 30 G F | 4 G KH
ZUTATEN FÜR 2 PERSONEN

- 300 g körniger Frischkäse
- 75 g Crème fraîche
- Fruchtfleisch von 1 Avocado, in Stücken
- 100 g Tomaten, geviertelt
- 1 TL Zitronensaft
- ½ TL Salz
- 2 Prisen frisch gemahlener schwarzer Pfeffer

Alle Zutaten in den 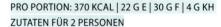 geben und **10 Sek.** | **Stufe 4–6–8** aufsteigend pürieren.

> **TIPP** Ihr könnt auch Wurst- oder Käsewürfel zufügen oder den Aufstrich alternativ mit Thunfisch anmachen.

DEFTIGER HÜTTENKÄSE

PRO PORTION: 335 KCAL | 31 G E | 19 G F | 9 G KH
ZUTATEN FÜR 2 PERSONEN

- 40 g Sonnenblumenkerne
- 200 g Radieschen
- 100 g Cornichons
- 1 Bund Schnittlauch, in Röllchen

- 400 g körniger Frischkäse
- 2 EL Zitronensaft
- ½ TL Salz
- 1 Prise frisch gemahlener schwarzer Pfeffer

1 | Sonnenblumenkerne in einer Pfanne goldbraun rösten und abkühlen lassen.

2 | Radieschen, Cornichons sowie Schnittlauch in den ⌒ geben, **3 Sek. | Stufe 4** zerkleinern. Sonnenblumenkerne, körnigen Frischkäse, Zitronensaft sowie Gewürze zufügen und weitere **4 Sek. | ⌒ | Stufe 4** verrühren.

> **TIPP** Körniger Frischkäse enthält wenig Kohlenhydrate und viel Eiweiß, das zusammen mit dem vorhandenen Magnesium die Nerven stärkt – perfekt für stressige Tage. Zudem gehört er zu den magersten Käsesorten und sollte daher bei Figurbewussten regelmäßig auf dem Speiseplan stehen.

BROT & BRÖTCHEN

PAPRIKA-AUFSTRICH

PRO PORTION (30 G)E: 40 KCAL | 2 G E | 2 G F | 4 G KH
ZUTATEN FÜR 2 GLÄSER À 260 ML

- 1 Zwiebel, halbiert
- 2 Knoblauchzehen
- 30 g natives Olivenöl extra
  zzgl. etwas mehr zum Beträufeln
- 125 g rote Linsen, im Sieb abgespült und abgetropft
- 200 g rote Spitzpaprika, in Stücken
- 300 g Wasser
- 25 g Sonnenblumenkerne
- 25 g Kürbiskerne
- 15 g schwarze Sesamsaat
- Saft von ½ unbehandelten Zitrone
- 15 g Agavendicksaft
- 1½ TL Salz
- 2 Prisen frisch gemahlener schwarzer Pfeffer
- 1 TL Chilipulver
- ½ TL Kurkumapulver
- ½ TL Kreuzkümmelpulver
- ¼ TL Currypulver

1 | Zwiebel mit den Knoblauchzehen in den ⌴ geben, **3 Sek.** | **Stufe 8** zerkleinern.

2 | 20 g Olivenöl zufügen, **3 Min.** | **Varoma®** | **Stufe 1** andünsten. Linsen, Spitzpaprika sowie Wasser dazugeben und **15 Min.** | **Varoma®** | **Stufe 1** garen.

3 | Sonnenblumen- und Kürbiskerne sowie schwarze Sesamsaat in einer Pfanne rösten, abkühlen lassen.

4 | 10 g Olivenöl, Zitronensaft, Agavendicksaft, Salz, Pfeffer, Chili-, Kurkuma-, Kreuzkümmel- sowie Currypulver in den ⌴ zugeben und alles **30 Sek.** | **Stufe 2–6** ansteigend pürieren.

5 | Danach abschmecken, mit Olivenöl beträufeln und nach Belieben noch mit Kernen bestreut servieren. Gekühlt 1 Woche haltbar.

> **TIPP** Den Paprika-Aufstrich könnt ihr auch mit gelber und grüner Paprika zubereiten. Er schmeckt auf Broten, aber auch als Dip für Gemüse oder als fruchtige Soße zu Hähnchen, Fleisch und Fisch.

BROT & BRÖTCHEN

SALATE

Salate, Toppings und Dressings sind mit dem Thermomix® ratzfatz zubereitet und überraschen mit Vielfalt

SUPERFOODS

Wer sagt denn, dass Salat immer grün sein muss? Mit heimischen Superfoods bringt ihr nicht nur Abwechslung auf den Teller, sondern auch jede Menge Vitamine und Mineralien!

Karotten: Neben reichlich Betacarotin (gut für Augen, Haut und Herz) enthalten sie Ballaststoffe, die satt machen und den Magen beruhigen.
Leinsamen: Viele Ballaststoffe, Eiweiß, dazu Quell- und Schleimstoffe, die im Darmtrakt Wasser binden und die Verdauung auf Trab halten!
Spinat: Frischer Spinat hat eine sehr hohe Nährstoffdichte – er enthält viele Mineralstoffe (wie Magnesium, Eisen, Kalzium), Vitamine (C und K, Folsäure, B-Vitamine) und stärkt so die Abwehrkräfte. Ballaststoffe kurbeln zudem die Verdauung an.
Tomaten: Sie sind nicht nur superlecker, sondern auch richtig gesund. Tomaten enthalten kaum Kalorien und Fette, dafür reichlich Vitamine und Mineralstoffe.
Spargel: Mit nur 20 Kalorien pro 100 Gramm ist Spargel ein Leichtgewicht, doch seine Mikronährstoffe haben es in sich. Viel Kalium, Folsäure und Vitamine – kein Wunder, dass er schon im Altertum als Heilpflanze galt.

MEAL PREP

Bereitet ihr einen Salat zu, dann füllt euch vor dem Essen direkt eine Portion in ein Schraubglas, das ihr dann kalt stellt. So habt ihr bereits ein gesundes Mittagessen zum Mitnehmen für den nächsten Tag. Werden Salat und Dressing separat zubereitet, dann füllt beides auch in unterschiedliche Schraubgläser. Dann könnt ihr am nächsten Tag beides frisch vermischen.

SALAT = LOW CARB?

Nicht jeder Salat eignet sich für eine Low-Carb-Ernährung. Sättigende Zutaten wie Kartoffeln, Nudeln und Brot enthalten viele Kohlenhydrate, hier gilt: Finger weg! Aber auch ohne Pasta & Co. könnt ihr wunderbare Salate kreieren, die euch satt und glücklich machen. Hülsenfrüchte, Käse oder Wurst im Salat sind tolle Alternativen.

VOLLWERTIGE MAHLZEIT

Gemüse- und Blattsalate machen nicht jeden vollends glücklich. Mancher möchte eben doch gern noch etwas „dazu". Alle Salate könnt ihr mit einem Stück Fisch aus dem Varoma®, mit gedünstetem Hähnchen oder auch mariniertem und gegartem Tofu servieren. Sucht euch aus den Rezepten in diesem Buch etwas aus, das euch gefällt, und kombiniert es zum Salat eurer Wahl. So kommen stets neue Kombis zustande!

MOTIVATIONS-TIPP

Wer wirklich etwas ändern will, der findet Zeit für gesunde Ernährung und Sport. Es müssen ja nicht sofort zwei Stunden im Fitnessstudio sein – ein Zehn-Minuten-Work-out, während das Essen im Thermomix® kocht, ist der perfekte Start!

DAS DRESSING

Salate sind lecker und supergesund. Was aber viele außer Acht lassen, ist das Dressing. Hier können ein paar Carb-Fallen auf euch lauern. Gerade bei fertigen Dressings sind häufig viel Zucker und ungesunde Fette verarbeitet. Am besten ist es daher, ein eigenes Dressing selbst zuzubereiten, da wisst ihr, was drinsteckt.

Auf Basis von Essig, Öl und Kräutern stellt ihr ein würziges Kräuterdressing her, dass zu Blattsalaten passt sowie zu Vorspeisen wie Tomate-Mozzarella.

Kräuterdressing

1 Knoblauchzehe, 1 Schalotte, Blättchen von 1 Bund gemischten Kräutern, ½ Bund Schnittlauch in Ringen in den 🥣 geben, **3 Sek. | Stufe 8** zerkleinern und mit dem 🥄 nach unten schieben. Saft von 1 Zitrone, 300 g Olivenöl, 60 ml hellen Balsamicoessig, 50 ml Wasser, 40 g mittelscharfen Senf, 40 g Honig, 2 TL Salz und ¼ TL Pfeffer zufügen. Alles **30 Sek. | 🔄 | Stufe 3,5** vermischen. Das Dressing in 2 Flaschen à 300 ml füllen. Kühl und dunkel lagern. Innerhalb von 2 Wochen verbrauchen.

FRISCH & GESUND

GEMÜSE ZERKLEINERN

Wer einen Thermomix® hat, braucht Gemüse und Obst wie Karotten, Brokkoli, Zwiebeln, Paprika und Äpfel nicht mehr von Hand zu schneiden. Übrigens: Die Stücke müssen für das Zerkleinern im Thermomix® nur so grob geschnitten werden, dass sie durch die Deckelöffnung des 🥣 passen.

250 g Gemüse oder Obst in Stücken

4–5 SEK. | STUFE 5

SALAT SCHLEUDERN

Euren gewaschenen Salat könnt ihr übrigens auch im Varoma® prima schleudern. Nach dem Waschen den Salat dafür in den Varoma® Behälter zum Abtropfen geben, dann den Deckel aufsetzen, Varoma® an den Griffen halten und über dem Waschbecken gut schütteln, bis das überschüssige Wasser komplett abgetropft ist.

„KARTOFFELSALAT"
AUS KOHLRABI

PRO PORTION: 694 KCAL | 17 G E | 68 G F | 6 G KH
ZZGL. 2 STD. KÜHLZEIT
ZUTATEN FÜR 4 PERSONEN

- 500 g Wasser
- 2 große Kohlrabi, gewürfelt
- 100 g Gewürzgurken, davon 50 g Gurkenwasser ohne Zuckerzusatz
- 200 g Fleischwurst, in Stücken
- 180 g Sonnenblumenöl
- 5 Eier, davon 1 roh, 4 hart gekocht und geviertelt
- 10 g mittelscharfer Senf
- 1 TL heller Balsamicoessig
- Salz
- frisch gemahlener schwarzer Pfeffer
- 1 kleine rote Zwiebel, halbiert
- 100 g Joghurt
- 2 EL Schnittlauchröllchen

1 Das Wasser in den ⌣ geben, den Varoma® aufsetzen und die Kohlrabiwürfel darin verteilen. Den Varoma® verschließen und den Kohlrabi **25 Min.** | **Varoma®** | **Stufe 1** garen.

2 Den Varoma® absetzen und die Kohlrabistücke vollständig auskühlen lassen. Den ⌣ leeren.

3 Gewürzgurken in den ⌣ geben, **3 Sek.** | **Stufe 5** zerkleinern und in eine große Schüssel umfüllen. Fleischwurst in den ⌣ geben, **3–4 Sek.** | **Stufe 4,5** zerkleinern und in die Schüssel geben.

4 Ein Gefäß auf den Deckel des ⌣ stellen, das Öl einwiegen und beiseitestellen. Rohes Ei, Senf, Essig, ½ TL Salz sowie 2 Prisen Pfeffer in den ⌣ geben und **10 Sek.** | **Stufe 3** verrühren. Bei **Stufe 3,5** ohne Zeiteinstellung das Öl langsam auf den Deckel des ⌣ gießen und am Messbecher vorbeilaufen lassen. So lange rühren, bis eine cremige Mayonnaise entstanden ist. Dann die Mayonnaise umfüllen.

5 Für das Dressing die Zwiebel **4 Sek.** | **Stufe 5** zerkleinern. Gurkenwasser, Mayonnaise, Joghurt, 1 TL Salz und ¼ TL Pfeffer zufügen und **20 Sek.** | **Stufe 3** verrühren.

6 Die abgekühlten Kohlrabistücke zu Gurke und Fleischwurst geben, mit zwei Drittel der Salatsoße übergießen und gut umrühren. Die Schüssel mit Frischhaltefolie abdecken und den Salat mind. 2 Std. im Kühlschrank durchziehen lassen.

7 Die restliche Salatsoße über den Salat geben und noch einmal kräftig umrühren. Nach Belieben mit Salz und Pfeffer abschmecken. Die geviertelten Eier auf den Salat geben und mit Schnittlauchröllchen bestreut servieren.

> **TIPP** Dieser Salat ist die perfekte leichte Ergänzung fürs Grillbüfett. Die Mayonnaise wird mit Joghurt zubereitet und die üblicherweise verwendeten Kartoffeln durch Kohlrabi ersetzt. Anstelle von Kohlrabi könnt ihr übrigens auch Steckrüben nehmen – diese sind ebenfalls ein wunderbarer Low-Carb-Kartoffelersatz.

SALATE

KRÄFTIGENDER BOHNENSALAT

PRO PORTION: 419 KCAL | 20 G E | 35 G F | 6 G KH
ZUTATEN FÜR 4 PERSONEN

- 50 g Parmesan, in Stücken
- 400 g grüne Bohnen
- 800 g Wasser
- 15 g mittelscharfer Senf
- 30 g heller Balsamicoessig
- 100 g natives Olivenöl extra
- 1 TL Salz
- 3 Prisen frisch gemahlener schwarzer Pfeffer
- 100 g Schafskäse, in Stücken
- 100 g Serranoschinken, in Stücken

1 | Den Parmesan in den 🥣 geben und **15 Sek.** | **Stufe 10** raspeln, umfüllen. Bohnen in den Garkorb geben. Wasser in den 🥣 füllen, den Garkorb einhängen und die Bohnen **15 Min.** | **Varoma®** | **Stufe 1** dünsten. Zur Seite stellen, auskühlen lassen.

2 | Für die Marinade Senf, Essig, Öl sowie die Gewürze in den 🥣 geben und **10 Sek.** | **Stufe 6** emulgieren. Schafskäse und Serranoschinken mit den ausgekühlten Bohnen vermischen. Die Marinade zufügen und nochmals gut vermengen. Zum Schluss den Parmesan darüberstreuen und servieren.

>**TIPP** Die Bohnen im Salat sorgen dafür, dass ihr lange satt bleibt. So tritt nicht so schnell wieder ein Hungergefühl ein. Perfekt also auch zum Lunch im Büro oder für unterwegs.

BUNTER KÄSE-WURST-SALAT

PRO PORTION: 540 KCAL | 25 G E | 39 G F | 15 G KH
ZUTATEN FÜR 2 PERSONEN

- 1 Schalotte
- 10 Radieschen
- 5 Cornichons
- 60 g rote Paprikaschote, in Stücken
- 40 g Karotten, in Stücken
- 30 g alter Gouda
- 100 g Fleischwurst, in Stücken

- 1 EL Petersilie, gehackt
- 20 g heller Balsamicoessig
- 10 g natives Olivenöl extra
- 1 TL mittelscharfer Senf
- 1 Msp. Chilipulver
- Salz
- frisch gemahlener schwarzer Pfeffer

Alle Zutaten in den geben, **5 Sek. | Stufe 4** zerkleinern, in eine Schale füllen und servieren.

> **TIPP** Gut gereifter alter Gouda und pikante Fleischwurst sind das Seelenfutter in diesem rustikalen Salat. Tolle Käsealternativen sind Beemster oder Old Amsterdam. Besonders praktisch: Der Salat eignet sich gut für Meal Prep. Bereitet eine größere Portion zu, die ihr auf mehrere Dosen aufteilt. Im Kühlschrank gelagert und gut durchgezogen schmeckt der Salat auch am zweiten und dritten Tag sehr gut!

SALATE

GRIECHISCHER BAUERNSALAT

PRO PORTION: 334 KCAL | 10 G E | 26 G F | 8 G KH
ZUTATEN FÜR 4 PERSONEN

- 1 Gurke, längs geviertelt, entkernt, in Stücken
- 1 rote Paprikaschote, in Stücken
- 1 grüne Paprikaschote, in Stücken
- 250 g Tomaten, geviertelt, entkernt
- 1 rote Zwiebel, halbiert
- Blättchen von 6 Stielen Petersilie
- 1 Knoblauchzehe
- 20 g Zitronensaft
- 10 g Rotweinessig
- 40 g natives Olivenöl extra
- ½ TL Salz
- 4 Prisen frisch gemahlener schwarzer Pfeffer
- 1 TL getrockneter Oregano
- 2 Prisen Chiliflocken
- 200 g Feta, in Würfeln
- 100 g schwarze Oliven

1 Gurke in den ⌣ geben, **4 Sek. | Stufe 4** zerkleinern und in eine Schüssel umfüllen. Paprikaschoten mit Tomaten in den ⌣ geben, **4 Sek. | Stufe 4** zerkleinern und zur Salatgurke in die Schüssel füllen.

2 Die Zwiebel im ⌣ **3 Sek. | Stufe 5** zerkleinern, mit Gurke, Tomaten und Paprikaschoten mischen. Die Petersilie mit dem Knoblauch in den ⌣ geben, **5 Sek. | Stufe 5** zerkleinern und zum Salat geben.

3 Zitronensaft, Essig, Olivenöl, Salz, Pfeffer, Oregano und Chiliflocken zum Salat geben, alles vermengen und abschmecken. Zum Schluss Feta sowie Oliven untermischen und servieren.

> **TIPP** Der Salat eignet sich als kleine Vorspeise für vier Personen oder als erfrischend leichter Hauptgang für zwei Personen.

SALATE

CHILI-BOHNEN-SALAT

PRO PORTION: 375 KCAL | 31 G E | 19 G F | 21 G KH
ZUTATEN FÜR 2 PERSONEN

- 700 g Wasser
- 200 g Porree, weißer Anteil, in dicken Ringen
- 1 rote Paprikaschote, in Stücken
- 200 g Tomaten, halbiert
- 200 g weiße Bohnen (Dose), abgetropft
- 4 EL Schnittlauch, in Röllchen
- 200 g Schinkenwürfel
- 20 g Tomatenmark
- 40 g natives Olivenöl extra
- 2 Prisen Salz
- Saft von ½ Zitrone
- etwas Chilipulver
- etwas Cayennepfeffer

1 | Das Wasser in den geben und den Varoma® aufsetzen. Porree hineingeben, Varoma® verschließen und **13 Min.** | **Varoma®** | **Stufe 1** dünsten. Den Varoma® abnehmen und den Porree im Varoma® kalt abbrausen. Den leeren, dabei 20 g der Garflüssigkeit in eine Schüssel füllen und beiseitestellen.

2 | Paprika und Tomaten im **5 Sek.** | **Stufe 4** hacken. Porree, Bohnen, Schnittlauch sowie Schinkenwürfel zugeben, **4 Sek.** | **Stufe 2** unterrühren und umfüllen. Den spülen.

3 | Für das Dressing die beiseitegestellte Garflüssigkeit, Tomatenmark, Olivenöl, Salz, Zitronensaft und je nach Geschmack etwas Chilipulver sowie Cayennepfeffer in den geben, **20 Sek.** | **Stufe 8** emulgieren. Das Dressing über den Salat geben und servieren.

> **TIPP** Dieser 15-Minuten-Salat schmeckt herrlich pikant. Paprika, Tomaten und weiße Bohnen machen satt, Schinken, Chili und Porree geben Würze. Das perfekte Mittag- oder Abendessen, wenn ihr nicht mehr viel Lust zum Kochen habt!

LAUWARMER ROMANESCOSALAT

PRO PORTION: 353 KCAL | 23 G E | 19 G F | 18 G KH
ZUTATEN FÜR 4 PERSONEN

- 15 g Ingwer, in dünnen Scheiben
- 2 Schalotten
- 50 g natives Olivenöl extra
- 1 EL Currypulver
- 40 g Limettensaft
- 10 g Weißweinessig
- 200 g Sahnejoghurt
- 1 TL Gemüse-Gewürzpaste
- 675 g Wasser
- 2 TL flüssiger Honig
- 1½ TL Salz
- 2 Prisen frisch gemahlener schwarzer Pfeffer
- Blättchen von ½ Bund Koriander
- 2 Hähnchenbrustfilets (à 160 g)
- 400 g Romanesco, in kleinen Röschen
- 1 Römersalatherz, in Streifen
- 1 rote Zwiebel, in Streifen
- 1 säuerlicher Apfel, in dünnen Spalten

1 | Den Ingwer mit den Schalotten in den geben, **5 Sek.** | **Stufe 5** zerkleinern und mit dem nach unten schieben.

2 | 30 g Öl und das Currypulver zugeben. Ohne Messbecher **4 Min.** | **Varoma®** | **Stufe 1** dünsten. Den Deckel abnehmen und 5 Min. abkühlen lassen.

3 | Limettensaft mit 10 g Öl, Essig, Joghurt, Gewürzpaste, 75 g Wasser, Honig, 1 TL Salz, Pfeffer sowie Koriander zufügen, alles **6 Sek.** | **Stufe 5** mischen, abschmecken und umfüllen. Den ausspülen.

4 | Die Hähnchenbrustfilets waagerecht halbieren, mit übrigem Öl einreiben und mit ½ TL Salz würzen. Das Fleisch in einer heißen Grillpfanne rundum scharf anbraten und auf den Einlegeboden legen.

5 | Rest Wasser in den geben. Den Varoma® aufsetzen und den Romanesco einwiegen. Einlegeboden einsetzen, den Varoma® verschließen und alles **17 Min.** | **Varoma®** | **Stufe 1** garen.

6 | Den Varoma® absetzen. Hähnchenbrust in Streifen schneiden und mit Romanesco, Römersalat, Zwiebel, Apfel und dem Dressing in einer Schale mischen. Sofort servieren.

> **TIPP** Durch das Garen im Varoma® gelingt das Hähnchenfleisch besonders zart. Das Anbraten vorab verleiht ihm Röstaromen. Gönnt euch am besten Bio-Geflügelfleisch, die Qualität schmeckt man! Achtet beim Kochen mit Geflügel auf besondere Hygiene. Wascht euch die Hände, nachdem ihr mit dem rohen Fleisch gearbeitet habt und reinigt auch Schneidebrett und Messer gründlich.

SALATE

BLUMENKOHL-ZUCCHINI-SALAT

PRO PORTION: 160 KCAL | 5 G E | 10 G F | 12 G KH
ZUTATEN FÜR 4 PERSONEN

- 250 g Blumenkohl, in Röschen
- 250 g Zucchini, in Stücken
- Blättchen von 1 Bund Koriander
- 30 g Erdnüsse, geröstet und gesalzen
- 40 g Sweet-Chili-Soße
- 40 g Limettensaft
- ½ TL Salz
- 20 g Sesamöl

1 Blumenkohl, Zucchini, Koriander (bis auf ein paar Blättchen zum Garnieren), Erdnüsse, Chilisoße, Limettensaft, Salz sowie Öl in den geben und **5 Sek. | Stufe 4** mixen.

2 Anschließend den Salat in eine Servierschale füllen, mit einigen Korianderblättchen bestreuen und als Hauptgericht für 2 Personen oder Beilage für 4 Personen servieren.

> **TIPP** Der Blumenkohl-Salat ist wirklich genial einfach gemixt. Ihr könnt ihn schnell variieren, indem ihr etwa die Erdnüsse durch Mandeln oder Walnüsse ersetzt und Koriander durch glatte Petersilie. Probiert aus, was euch gefällt!

SALATE

ASIATISCHER KAROTTEN-KOHLRABI-SALAT

PRO PORTION: 133 KCAL | 3 G E | 6 G F | 19 G KH
ZUTATEN FÜR 4 PERSONEN

- 1 Knoblauchzehe
- 2 cm Ingwer
- 250 g Karotten, in Stücken
- 250 g Kohlrabi, in Stücken
- 100 g Apfel, in Stücken
- 2 Frühlingszwiebeln, in Ringen
- Saft von 1 Limette
- 20 g Sojasoße
- 15 g Sesamöl
- 10 g Honig
- 3 Prisen frisch gemahlener schwarzer Pfeffer
- 10 g Sesamsaat

1 Knoblauch mit Ingwer in den 🥣 geben und **2 Sek. | Turbo** zerkleinern. Mit dem 🥄 nach unten schieben.

2 Karotten, Kohlrabi, Apfel, Frühlingszwiebeln, Limettensaft, Sojasoße, Sesamöl, Honig, Pfeffer sowie Sesamsaat hinzufügen und alles **5 Sek. | Stufe 4,5** zerkleinern. Nach Belieben abschmecken und servieren.

> **TIPP** Zum Garnieren könnt ihr einige Karotten- und Apfelhobel auf den Salat geben. So ist er die perfekte Vorspeise, wenn ihr Gäste habt! Karotten sind besonders leicht verdaulich, daher eignet sich dieser Salat gut für ein Abendessen, denn er liegt nicht schwer im Magen.

SALATE

BRATWURSTSALAT

PRO PORTION: 645 KCAL | 25 G E | 56 G F | 4 G KH
ZUTATEN FÜR 4 PERSONEN

- 300 g Chinakohl, in Stücken
- 200 g geröstete Paprikaschoten (Glas), abgetropft und in Stücken
- 20 g grober Senf
- 1 TL Zucker
- ½ TL Salz
- 20 g Apfelessig
- 75 g Wasser
- 50 g Rapsöl
- 4 Rostbratwürstchen (à ca. 150 g)
- 2 EL Schnittlauchröllchen

1 | Chinakohl in den ⌇ geben, **5 Sek. | Stufe 4** zerkleinern und in eine große Schüssel umfüllen. Die Paprikaschoten in den ⌇ einwiegen, **4 Sek. | Stufe 4** zerkleinern, zum Chinakohl geben.

2 | Senf, Zucker, Salz, Essig, Wasser sowie Öl in den ⌇ geben, **30 Sek. | Stufe 4** verrühren, zur Kohlmischung geben und alles vermengen.

3 | Bratwürste auf dem Grill oder in einer Pfanne hellbraun grillen, lauwarm abkühlen lassen. Dann schräg in dünne Scheiben schneiden und unter den Salat mischen. Den Salat abschmecken, mit Schnittlauch bestreuen und servieren.

> **TIPP** Chinakohl steckt voller Vitamine. Dank der enthaltenen Senföle stärkt er zudem eure Abwehrkräfte. Also greift zu! Die Rostbratwürstchen können Vegetarier übrigens jederzeit durch vegane Wurstalternativen ersetzen.

SALATE

QUINOA-HACKBÄLLCHEN MIT SALAT

PRO PORTION: 368 KCAL | 17 G E | 27 G F | 15 G KH
ZUTATEN FÜR 4 PERSONEN

FÜR DIE BÄLLCHEN
- 15 g Parmesan, in Stücken
- 20 g natives Olivenöl extra
- 15 g Quinoa
- 15 g Leinsamen
- 40 g Wasser
- Salz
- 150 g Geflügelhackfleisch
- 1 Eigelb
- 25 g Magerquark
- 1 EL Paniermehl
- ½ TL mittelscharfer Senf
- 2 Prisen frisch gemahlener schwarzer Pfeffer
- 2 Prisen edelsüßes Paprikapulver
- ½ TL Currypulver

FÜR DEN SALAT
- ½ Kopf Friséesalat
- 150 g Kirschtomaten
- 1 Gurke
- 1 Bund Radieschen
- 2 Karotten
- etwas Kresse zum Garnieren
- ½ TL Sesamsamen
- ½ TL Leinsamen

FÜR DAS DRESSING
- 60 g natives Olivenöl extra
- 40 g heller Balsamicoessig
- ½ TL Salz
- 2 Prisen frisch gemahlener schwarzer Pfeffer
- 2 TL Honig
- 1 TL mittelscharfer Senf

1 Parmesan in den 🥣 geben, **15 Sek. | Stufe 10** zerkleinern und umfüllen.

2 10 g Öl mit Quinoa in den 🥣 geben und **3 Min. | 120 °C [TM31 bitte Varoma®] | Stufe 2** andünsten. Leinsamen, Wasser sowie 3 Prisen Salz zufügen und **20 Min. | 90 °C | Stufe 1** garen. Umfüllen und abkühlen lassen. Den 🥣 spülen.

3 In der Zwischenzeit den Salat zubereiten. Dafür den Frisée waschen und trocken schleudern. Die Tomaten waschen und vierteln, die Gurke waschen und in Scheiben schneiden, ebenso die Radieschen. Die Karotten schälen und in feine Streifen schneiden. Alles beiseitelegen.

4 Hack, Eigelb, Magerquark, Paniermehl, die gekochte Quinoa, Parmesan, Senf, 1 TL Salz, Pfeffer, Paprikapulver sowie Curry in den 🥣 geben und **20 Sek. |** ⟲ **| Stufe 4** vermengen. Aus der Masse mit feuchten Händen kleine Bällchen formen.

5 Übriges Öl in einer Pfanne erhitzen und die Bällchen darin bei schwacher Hitze goldbraun braten.

6 Für das Dressing alle Zutaten in den 🥣 geben und **20 Sek. | Stufe 4** vermengen. Den Salat in 4 Schüsseln füllen, etwas Dressing zugeben, mit der Kresse, Sesam und Leinsamen garnieren, die Hackbällchen darauf verteilen und servieren.

SALATE

DESSERTS

So darf Genuss aussehen! Köstliche Nachspeisen zaubert ihr im Thermomix® unglaublich leicht dank dieser Tricks

ZUGREIFEN, BITTE
Von allen Obstsorten enthalten Beeren am wenigsten Fruchtzucker. Dadurch sind sie ideal für eine Low-Carb-Ernährung. Himbeeren und Johannisbeeren haben pro 100 g nur 5 g Kohlenhydrate, Erdbeeren, Brombeeren, Heidelbeeren und Schwarze Johannisbeeren kommen auf ebenfalls geringe 6 g. Die leckeren Früchte sind jedoch empfindlich und ihr solltet sie behutsam waschen. Dafür hat der Thermomix® das perfekte Zubehör – den Garkorb! Gebt die Beeren vorsichtig hinein und lasst langsam kaltes Wasser darüberlaufen.

MOTIVATIONS-TIPP
Schritt für Schritt! Bewegung tut gut. Aber: Ihr müsst nicht gleich einen Marathon laufen, lasst es langsam angehen! Lauft etwa die Treppe, statt den Fahrstuhl zu benutzen.

BLITZ-DESSERT
Befinden sich noch Frucht- oder Beerenreste an Messer und Rand eures ⌴? Dann keinesfalls ausspülen. Gebt etwas Naturjoghurt, etwas Milch, einen veganen Drink oder Frischkäse in den ⌴ und vermischt alles **10 Sek. | Stufe 6**. Fügt nach Lust und Laune beispielsweise noch etwas Erythrit oder Stevia hinzu und fertig sind eine schnelle Obstmilch, der Fruchtjoghurt oder ein süßer Brotaufstrich.

EISCHNEE MIT GELINGGARANTIE
Keiner schafft perfekteren Eischnee für eure Desserts als der Thermomix®. Einfach den Rühraufsatz einsetzen. Eiweiße mit 1 Prise Salz in den fettfreien ⌴ geben und

4 MIN. | STUFE 3,5

steif schlagen. Den Eischnee bis zur Verwendung kalt stellen.

2-MAL EIER TRENNEN, LEICHT GEMACHT
Setzt den Deckel des ⌴ samt Messbecher auf eine Schüssel und schlagt das Ei – Eiweiß und Eigelb – auf dem Deckel auf. Das Eiweiß fließt in die Schüssel, das Eigelb könnt ihr nun in den ⌴ oder in eine andere Schale geben. Wenn es noch leichter gehen soll: Mit dem kleinen Eiertrenner-Aufsatz, der direkt in die Deckelöffnung von TM6, TM31 und TM5® passt, könnt ihr Eier rasch und sauber trennen. Erhältlich in Schwarz und Grau unter www.hs-drucke.de für ca. 14 Euro.

KREATIVES SCHICHTDESSERT

Schichtdesserts sind sehr dekorativ und ermöglichen es auch, spontan und schnell einen Low-Carb-Nachtisch zu zaubern. Ein paar Ideen findet ihr im Kästchen unten. Verwendet für die Schichten auch Rezepte oder Teile von Rezepten aus diesem Buch: Joghurtmousse geschichtet mit ein paar Teelöffeln eines Smoothies und dazu zerstoßenes Low-Carb-Gebäck oder Snacks.

SELBST GEMACHT SCHMECKT'S AM BESTEN!

SÜNDHAFT LECKER

SCHICHT-IDEEN

FRÜCHTE & FRUCHTPÜREE

QUARK, SKYR ODER JOGHURT

NÜSSE & KERNE

LOW-CARB-KEKSE

KOKOSRASPEL

AUCH TIEFGEKÜHLT TOP

Auch wenn sie Fruchtzucker enthalten, die meisten Obstsorten sind tolle Low-Carb-Alternativen zum Süßen. Während der Saison schmecken frische Früchte am besten. Ansonsten ist tiefgekühlte Ware hervorragend geeignet – durch das Schockfrosten bleiben viele Vitamine erhalten. Das Beste: Ihr könnt frische Früchte auch selbst auf Vorrat einfrieren! Beeren vorher waschen, größeres Obst ggf. im Thermomix® etwas zerkleinern und in Stücken einfrieren.

EMULGIEREN

Dank seiner hohen Leistung eignet sich der Thermomix® hervorragend dafür, flüssige Zutaten miteinander zu einer gleichmäßigen Masse zu verbinden. Etwa zu einem leckeren Salatdressing (siehe Seite 155).

JOGHURTMOUSSE MIT APFEL-BIRNEN-KOMPOTT

PRO PORTION: 391 KCAL | 7 G E | 35 G F | 9 G KH
ZZGL. 2 STD. KÜHLZEIT
ZUTATEN FÜR 4 PERSONEN

- 3 Blatt Gelatine
- 30 g Zucker
- ½ Vanilleschote
- Abrieb und Saft von ½ unbehandelten Zitrone
- 200 g Sahne

- 200 g Joghurt
- 50 g gebrannte Mandelkerne
- 150 g Apfel, in Stücken
- 150 g Birne, in Stücken

1 3 Blatt Gelatine in einer Schüssel mit kaltem Wasser gemäß Packungsangabe einweichen. 20 g Zucker, Vanilleschote sowie die Zitronenschale in den ⌼ geben, **10 Sek. | Stufe 10** pulverisieren und umfüllen.

2 30 g Sahne in den ⌼ füllen und **1 Min. | 60 °C | Stufe 1** erhitzen. Gelatine ausdrücken, zufügen und **40 Min. | Stufe 2** rühren, bis die Gelatine vollständig aufgelöst ist.

3 Den Joghurt mit der Zuckermischung zugeben, **15 Sek. | Stufe 4** verrühren und umfüllen. Den ⌼ spülen und trocknen. Den Rühraufsatz einsetzen. Übrige Sahne in den ⌼ geben und ohne Zeiteinstellung **Stufe 3** bis zur gewünschten Festigkeit steif schlagen, dabei Sichtkontakt halten. Den Rühraufsatz entfernen und Sahne mit dem ⌼ unter die Joghurtmischung heben. Die Joghurtmousse in Gläser (à etwa 250 ml) füllen und 2 Std. kalt stellen. Den ⌼ spülen.

4 Die Mandeln in den ⌼ geben, **3 Sek. | Stufe 5** zerkleinern und umfüllen. Äpfel, Birnen, Zitronensaft sowie 10 g Zucker in den ⌼ geben, **10 Min. | 100 °C | Stufe 1** kochen, dann **6 Sek. | Stufe 3** zerkleinern. In eine Schüssel umfüllen und vollständig abkühlen lassen.

5 Das Apfel-Birnen-Kompott auf die Joghurtmousse geben, mit den zerkleinerten gebrannten Mandeln bestreuen und anschließend servieren.

> **TIPP** Die Joghurtmousse und das Kompott lassen sich prima schon am Vortag zubereiten und abgedeckt im Kühlschrank lagern. So könnt ihr das Dessert erst kurz vor dem Servieren anrichten – völlig stressfrei!

DESSERTS

WASSERMELONEN-KIWI-POPSICLES

PRO STÜCK: 102 KCAL | 1 G E | 3 G F | 16 G KH
ZZGL. 7 STD. KÜHLZEIT
ZUTATEN FÜR 10 STÜCK

- 600 g Wassermelone, in Stücken
- Saft von ½ Zitrone
- 3 TL Zucker
- 60 g dunkle Schokotröpfchen
- 200 g Kokosmilch
- 6 Kiwis, in Stücken
- einige Blättchen Minze

AUSSERDEM
- Eisformen für insgesamt 10 Stück
- 10 Eisstiele

1 Wassermelone mit Zitronensaft und 1 TL Zucker in den ⌑ geben, **10 Sek. | Stufe 8** pürieren. Püree mit den Schokotröpfchen mischen und in Eisformen füllen, sodass jeweils ¾ der Form gefüllt ist. 1 Std. in das Gefrierfach stellen. Den ⌑ spülen.

2 Kokosmilch mit 1 TL Zucker in den ⌑ geben und **5 Sek. | Stufe 5** verrühren. In einen Spritzbeutel füllen und auf das Wassermeloneneis geben, sodass etwa eine daumenbreite Schicht entsteht. Das Eis erneut 1 Std. in das Gefrierfach stellen. Den ⌑ spülen.

3 Kiwis mit Minze sowie 1 TL Zucker in den ⌑ geben und **8 Sek. | Stufe 8** pürieren. Durch ein Sieb passieren und die Eisformen mit der Kiwimasse auffüllen. Stiel einstecken und für 5 Std. gefrieren lassen.

>**TIPP** Wenn ihr keinen Spritzbeutel habt, könnt ihr einen Gefrierbeutel oder anderen kleinen unbenutzten Plastikbeutel wie „Ziploc"-Tüten verwenden. Die Tüte dafür am besten in ein hohes Glas stellen, ihren Rand leicht umklappen, die Masse einfüllen, Beutel vorsichtig zudrehen und nun eine kleine Ecke abschneiden. Durch die Öffnung könnt ihr perfekt portionieren.

DESSERTS

KOKOS-ERDBEER-TÖRTCHEN

PRO STÜCK: 471 KCAL | 14 G E | 42 G F | 23 G KH
ZZGL 7 STD. RUHEZEIT
ZUTATEN FÜR 4 STÜCK

- 3 Eiweiß
- 1 Prise Salz
- 80 g Erythrit
- 100 g Kokosraspel
- 300 g Sahne
- 2 Pck. Sahnesteif
- 200 g Quark

- Mark von 1 Vanilleschote
- 6 Erdbeeren, in Scheiben
- 2 EL Kokoschips

AUSSERDEM
- 4 backofenfeste Servierringe

1 Den Ofen auf 200 °C Ober-/Unterhitze vorheizen. Rühraufsatz in den einsetzen. Eiweiße mit 1 Prise Salz **3 Min. | Stufe 3,5** steif schlagen, dabei 30 g Erythrit einrieseln lassen. Anschließend die Kokosraspel mit dem vorsichtig unterheben.

2 Ein Blech mit Backpapier belegen. 4 backofenfeste Servierringe (Ø 7,5 cm) auf das Backblech stellen und sie gleichmäßig mit der Kokos-Eiweiß-Masse befüllen. Die Masse auf der untersten Schiene des Ofens 10 Min. backen. Die Böden nach dem Backen mind. 1 Std. auskühlen lassen, dann erst aus den Förmchen lösen.

3 Die Sahne in den geben. Unter Sichtkontakt ohne Zeitangabe **Stufe 3,5** steif schlagen und dabei das Sahnesteif einrieseln lassen. Die geschlagene Sahne umfüllen.

4 Den Quark, das übrige Erythrit sowie das Vanillemark in den geben und **1 Min. | Stufe 4** luftig schlagen. Die Sahne mit dem vorsichtig unter den Vanillequark heben.

5 Die Quarkcreme in einen Spritzbeutel füllen. Zwei Drittel der Creme in die Servierringe spritzen und mind. 6 Std. im Kühlschrank fest werden lassen.

6 Die Törtchen mithilfe eines Messers aus dem Servierring lösen, fächerförmig mit Erdbeerscheiben belegen und von der restlichen Creme jeweils einen Tupfen aufspritzen. Die Törtchen mit Kokoschips bestreuen und servieren.

>**TIPP** Wer keine 4 Servierringe zur Hand hat, kann den Teig auch ganz einfach in einem gefetteten Muffinblech backen – das ergibt ganze 6 Küchlein.

DESSERTS

AROMATISCHER APFEL-ZIMT-QUARK

PRO PORTION: 353 KCAL | 19 G E | 21 G F | 22 G KH
ZUTATEN FÜR 2 PERSONEN

- 250 g Äpfel, in Stücken
- 30 g Wasser
- etwas Zitronensaft
- 1 Prise Zimtpulver zzgl. etwas zum Bestreuen
- 200 g Sahnequark

1. Die Äpfel mit Wasser, Zitrone und Zimt in den geben und **5 Min. | 100°C | Stufe 1** kochen. Anschließend **10 Sek. | Stufe 5** pürieren. Masse 15 Min. abkühlen lassen.

2. Den Quark mit dem Apfelmus in Gläser schichten und kalt stellen. Vor dem Servieren mit Zimt bestreuen.

DESSERTS

FIX

BROMBEER-PANNACOTTA

PRO PORTION: 237 KCAL | 3 G E | 20 G F | 11 G KH
ZZGL. MIND. 4 STD. KÜHLZEIT
ZUTATEN FÜR 8 PERSONEN

- 500 g Brombeeren
- 20 g Zitronensaft
- 30 g Puderzucker
- 4 Blatt Gelatine
- 500 g Sahne
- 60 g Xylit

AUSSERDEM
- 8 Dessertförmchen

1 | Brombeeren in den ⌣ geben und **20 Sek.** | **Stufe 6** pürieren. Etwa die Hälfte des Pürees durch ein feines Sieb streichen und beiseitestellen. Zu dem Rest Zitronensaft sowie den Puderzucker geben und **20 Sek.** | **Stufe 3** mischen. Brombeersoße umfüllen und bis zur Verwendung kalt stellen.

2 | Gelatine in kaltem Wasser nach Packungsangabe einweichen. Sahne mit Xylit in den ⌣ geben und **6 Min.** | **100 °C** | **Stufe 2** aufkochen. Im ⌣ auf 80 °C abkühlen lassen.

3 | Die Gelatine gut ausdrücken und zu der heißen Sahne geben. **2 Min.** | **Stufe 2,5** verrühren. Anschließend das Brombeerpüree zufügen und **1 Min.** | **Stufe 2** verrühren. Die Masse auf 8 Dessertförmchen (Inhalt je etwa 150 ml) verteilen und abgedeckt mind. 4 Std., besser aber über Nacht kalt stellen.

4 | Die Förmchen kurz in heißes Wasser tauchen und die Brombeer-Pannacotta auf Teller stürzen. Mit der Brombeersoße servieren.

> **TIPP** Alternativ zu kleinen Dessertförmchen könnt ihr die Masse auch auf 8 Gläser verteilen. Dann wird das Dessert nicht gestürzt, sondern später direkt in den Gläsern serviert und auch daraus gegessen.

DESSERTS

KUCHEN UND GEBÄCK

Kuchen ist bei einer Low-Carb-Ernährung tabu? Nicht unbedingt! Mit unseren Tricks wird euer Gebäck leichter

MANDELWAFFELN

Manchmal muss es einfach etwas Süßes sein. Dann probiert doch unsere köstlichen Waffeln mit Mandelmehl.

Für 6 Waffeln: 4 Eier und 200 g Frischkäse in den 🍵 geben und **20 Sek. | Stufe 4** verrühren. 80 g Mandelmehl, 1 TL Backpulver und ½ TL Vanilleextrakt zugeben. Den Waffelteig im heißen, ggf. eingefetteten Waffeleisen portionsweise ausbacken. Am besten heiß servieren und genießen.

FRUCHTSÜSSE VERWENDEN

In Obst steckt zwar Fruchtzucker, doch auch hier macht die Dosis den Unterschied. Gleichzeitig bringen sie noch Vitamine und Ballaststoffe mit ins Spiel.

ZUCKERERSATZ

Bei Low Carb ist die Reduktion von Zucker eine Grundvoraussetzung. Manchmal wollen wir uns das Leben jedoch versüßen. Gut, dass es Alternativen gibt!

MOTIVATIONS-TIPP

Es gibt Tage, da braucht man Seelentröster wie ein Stück Kuchen. Das ist vollkommen okay. Schaut nicht auf jeden einzelnen Tag, sondern blickt etwas weiter zurück. Was habt ihr schon alles erreicht? Seid stolz auf euch!

> **STEVIA** enthält fast keine Kalorien und Kohlenhydrate, wirkt sich nicht auf den Insulinspiegel aus und ist für Diabetiker geeignet. Aber: Er ist bis zu 300-mal süßer als Zucker, hat eine leicht bittere Note und ist daher nur sparsam einzusetzen.

> **XYLIT** kann wie Erythrit Kristallzucker 1 : 1 ersetzen, was die Handhabung einfach macht. Xylit schmeckt etwas neutraler als Erythrit, dafür ist er nicht ganz so gut verträglich. Vorteil: Er schützt sogar die Zähne.

> **ERYTHRIT** hat nicht die gleiche Süßkraft wie Zucker (etwa 70 %), schmeckt aber sehr ähnlich. Mit nur 20 kcal pro 100 Gramm ist Erythrit eine der wichtigsten Low-Carb-Zuckeralternativen. Doch Achtung: In größerer Menge kann er abführend wirken.

DAS RICHTIGE FETT

Fett ist erlaubt, dennoch sollte es gutes sein. Tierische Butter könnt ihr mit diesen Alternativen in eurem Rezept ersetzen:
- Apfelmus
- Bananen
- Kokosfett
- Margarine
- Nussmus, Erdnuss- oder Mandelbutter
- neutrale Pflanzenöle wie Raps- oder Sonnenblumenöl
- Joghurt und Quark

SÜNDEN IN KLEINEN MENGEN ERLAUBT

Beim Backen von Low-Carb-Gebäck gebt ihr meist auch einige Zutaten in den 🥣, die nicht unbedingt kohlenhydratarm sind – etwa Schokolade. Die Menge sollte dabei so gering sein, dass zum Beispiel die fertigen Plätzchen dennoch für eure Low-Carb-Ernährung geeignet sind. Achtet unbedingt darauf, möglichst hochwertige Zutaten zu verwenden! Greift zu Bitterschokolade mit einem Kakaoanteil von mindestens 70 %, anstatt zur ultrasüßen und stark gezuckerten Vollmilchschokolade.
Auch Getreide enthält viele Kohlenhydrate. In kleinen Mengen und als Vollkornprodukt sind gesunde Kohlenhydrat-Lieferanten wie Haferflocken erlaubt, ebenso Hülsenfrüchte und Pseudogetreide wie Quinoa.

NÜSSE UND KERNE ZERKLEINERN

Harte Nüsse/Kerne
wie Haselnüsse und Mandelkerne
MAHLEN: 15 Sek. | Stufe 7
HACKEN: 4 Sek. | Stufe 6

Weiche Nüsse/Kerne
wie Walnüsse und Cashewkerne
MAHLEN: 10 Sek. | Stufe 7
HACKEN: 3 Sek. | Stufe 5

SCHOKORASPEL

200 g Zartbitterschokolade in Stücken im 🥣 **6–8 Sek. | Stufe 8** zerkleinern. Für gröbere Stücke nur **4–5 Sek. | Stufe 7**. Raspel sofort verwenden oder in ein luftdichtes Gefäß umfüllen. Am besten funktioniert das Zerkleinern, wenn ihr die Schokoladenstücke zuvor etwa 1 Std. einfriert.

KAFFEEZEIT ZUM SCHWELGEN

LEICHT & LUFTIG

LOW CARB
Unsere Rezepte für Kuchen und Gebäck kommen alle ohne Weizenmehl und Haushaltszucker aus. Sie sind daher für eine Low-Carb-Ernährung geeignet.

LOW-CARB-BISKUIT

Auf Basis dieses Rezepts könnt ihr viele leckere Low-Carb-Gebäcke zaubern.

Basis REZEPT

Rühraufsatz einsetzen. Nun 8 Eier und 110 g Erythrit im 🥣 **4 Min. | Stufe 4** schaumig schlagen. Mark von ½ Vanilleschote, 100 g Mandelmehl sowie 2 TL Backpulver zur Eimasse geben und **12 Sek. | Stufe 4** verrühren, bis gerade eben ein Teig entsteht. Auf ein mit Backpapier ausgelegtes Blech gießen und glatt streichen. Im vorgeheizten Backofen bei 200 °C Ober-/Unterhitze auf mittlerer Schiene 12–15 Min. backen. Biskuit auf ein sauberes, angefeuchtetes Geschirrtuch stürzen und Backpapier abziehen. Mit dem Geschirrtuch aufrollen und so auskühlen lassen. Vorsichtig abrollen, dann nach Lust und Laune belegen und wieder aufrollen. Für eine Springform verwendet ihr nur die Hälfte der Zutaten.

ROTE-BETE-SCHOKO-TARTE OHNE MEHL

PRO STÜCK: 223 KCAL | 7 G E | 15 G F | 15 G KH
ZZGL. 10 MIN. RUHEZEIT
ZUTATEN FÜR 10–12 STÜCKE

- 125 g Mandelkerne
- 125 g Bitterschokolade (mind. 70 %), in Stücken
- 300 g gegarte Rote Bete, geschält
- 4 Eier
- 40 g Ahornsirup
- 1 TL Vanilleextrakt
- 30 g Kakaopulver
- 1 EL Backpulver
- 1 Prise Salz
- 40 g natives Olivenöl extra

1 Den Backofen auf 180 °C Ober-/Unterhitze vorheizen. Eine Tarteform (Ø 22 cm) mit Hebeboden mit Backpapier auskleiden. Dann die Mandelkerne im 🥣 **10 Sek. | Stufe 8** zerkleinern und umfüllen.

2 Die Schokolade in den 🥣 geben und **5 Sek. | Stufe 7** zerkleinern. Mit dem Spatel nach unten schieben und dann **3 Min. | 37 °C | Stufe 2** schmelzen. Die Schokolade in eine Schüssel umfüllen und beiseitestellen.

3 Rote Bete, Eier, Ahornsirup sowie Vanilleextrakt in den 🥣 geben und **30 Sek. | Stufe 5** vermengen. Mit dem Spatel nach unten schieben. Danach Kakaopulver, Backpulver, Salz, Mandelkerne, Olivenöl sowie geschmolzene Schokolade zufügen und **20 Sek. | Stufe 4** vermischen.

4 Den Teig in die vorbereitete Tarteform geben und 30–35 Min. backen. Wenn die Tarte die Stäbchenprobe besteht, ist sie fertig. In der Form für 10 Min. abkühlen lassen.

> **TIPP** Ihr könnt die Tarte auch schon etwas früher aus dem Ofen nehmen, wenn ihr die Konsistenz saftiger mögt.

> **HINWEIS** Gemahlene Mandeln enthalten kein Gluten und sind deutlich ärmer an Kohlenhydraten als Getreidemehl. Anstelle von Butter kommen hier der Saft und die Struktur der Rote Bete zum Einsatz. Die Rübe ist nach dem Verarbeiten und Backen nicht mehr zu schmecken, sie verleiht dem Gebäck aber Feuchtigkeit und eine tolle Konsistenz.

DINKEL-WALNUSS-SCHNECKEN

PRO STÜCK: 134 KCAL | 3 G E | 7 G F | 15 G KH
ZZGL. 1 STD. 15 MIN. KÜHLZEIT
ZUTATEN FÜR 30 STÜCK

- 150 g Dinkelkörner
- 150 g Dinkelmehl Type 630
- 150 g kalte Butter, in Stücken
- 1 Ei
- 1 Prise Salz
- 20 g kaltes Wasser
- 45 g Kokosblütenzucker

- 1 TL Vanillepaste
- 200 g Soft-Datteln
- 120 g Walnusskerne
- 1 TL Zimtpulver
- 40 g Agavendicksaft
- 80 g Milch

1 | Die Dinkelkörner in den 🥣 geben und **30 Sek. | Stufe 10** mahlen. Dinkelmehl, Butter, Ei, Salz, Wasser, Zucker sowie Vanillepaste zufügen und **20 Sek. | Stufe 6** vermischen.

2 | Den Teig zu einem Riegel formen und in Frischhaltefolie einwickeln. Für 30 Min. im Kühlschrank ruhen lassen. Den 🥣 spülen.

3 | Für die Füllung die Datteln im 🥣 **2 Sek. | Stufe 9** zerkleinern. Mit dem 🔪 nach unten schieben und die Walnüsse zufügen. **3 Sek. | Stufe 5** zerkleinern. Zimt, Agavendicksaft sowie Milch zugeben und **10 Sek. | Stufe 3** verrühren.

4 | Den Mürbeteig aus dem Kühlschrank nehmen, auswickeln und mit einer Teigrolle auf einem Bogen Backpapier zu einem Rechteck (etwa 25 × 35 cm) ausrollen. Den Teig in der Mitte mit dem 🔪 teilen.

5 | Auf jeder Hälfte die Walnussmasse glatt verstreichen. Mithilfe des Backpapiers vom langen Ende her zu 2 Rollen aufrollen. In Frischhaltefolie einwickeln und nochmals 45 Min. kalt stellen. Den Ofen auf 200 °C Ober-/Unterhitze vorheizen. Zwei Bleche mit Backpapier auslegen.

6 | Die Teigrollen aus dem Kühlschrank nehmen und in etwa 1 cm dicke Scheiben schneiden. Auf den Backblechen verteilen und nacheinander ca. 10–12 Min. goldbraun backen. Herausnehmen, etwas abkühlen lassen und genießen.

> **TIPP** Diese Dinkel-Walnuss-Schnecken sind perfekt für alle, die Wert auf eine gesunde Ernährung legen, aber auch gern mal einen süßen Snack zum Kaffee mögen. Sie kommen ohne raffinierten Zucker aus und enthalten einen Teil Vollkornmehl sowie wertvolles Fett aus Walnüssen.

GEBÄCK & KUCHEN

BANANEN-SESAM-KEKSE

PRO STÜCK: 117 KCAL | 3 G E | 6 G F | 12 G KH
ZUTATEN FÜR 24 STÜCK

- 150 g Buchweizen
- 3 reife Bananen, halbiert
- 240 g gemahlene Mandelkerne
- 80 g Ahornsirup (alternativ Reissirup oder Agavendicksaft)
- 1 TL Zimtpulver
- 60 g Sesamkörner

1 | Den Ofen auf 170 °C Ober-/Unterhitze vorheizen und 2 Bleche mit Backpapier belegen.

2 | Buchweizen in den ⌣ geben und **1 Min. | Stufe 10** mahlen. Bananen, gemahlene Mandeln, Ahornsirup sowie Zimt zufügen und **30 Sek. | Stufe 5** vermischen. Die Sesamkörner in eine flache Schale füllen.

3 | ½ TL vom Teig abnehmen und mit den Händen zu einer Kugel formen. Diese in den Sesamkörnern wälzen und auf ein vorbereitetes Backblech legen. Die Kugel leicht andrücken. So verfahren, bis der gesamte Teig aufgebraucht ist.

4 | Die Kekse im Backofen etwa 15 Min. backen. Herausnehmen und auskühlen lassen. In einer Blechdose halten sich die Kekse bis zu 1 Monat.

> **TIPP** Um Mandeln zu mahlen, die Mandelkerne in der gewünschten Menge (bis maximal 200 g pro Durchgang) in den ⌣ geben und **10 Sek. | Stufe 7** mahlen. Wenn ihr die Mandeln auf Vorrat mahlen wollt, füllt sie anschließend zur Aufbewahrung in ein luftdichtes Schraubglas um. Die gemahlenen Mandeln halten sich so etwa drei Wochen – danach verlieren sie rasch an Aroma.

GEBÄCK & KUCHEN

SCHOKO-BARS

PRO STÜCK: 61 KCAL | 2 G E | 5 G F | 2 G KH
ZUTATEN FÜR 12 STÜCK

- 70 g Zartbitterschokolade, in Stücken
- 100 g Butter, in Stücken zzgl. etwas mehr zum Fetten der Form
- 140 g Xylit
- 150 g Mandelmehl
- 50 g Kakaopulver
- 1 TL Backpulver
- 1 Prise Salz
- 4 Eier

1 Die Schokolade im 🥣 **6 Sek. | Stufe 8** zerkleinern und mit dem 🥄 nach unten schieben. Butter zugeben und **5 Min. | 45 °C | Stufe 2** schmelzen lassen. Xylit **20 Sek. | Stufe 3** unterrühren und etwas auskühlen lassen. Den Backofen auf 180 °C Ober-/Unterhitze vorheizen. Eine quadratische Form (23 × 23 cm) gut fetten.

2 Mandelmehl mit Kakao, Backpulver und Salz mischen. Eier zur Schokoladen-Butter-Mischung geben und **1 Min. | Stufe 3,5** verrühren. Den Mehlmix zufügen und **8 Sek. | Stufe 4** unterheben, ggf. mit dem 🥄 nachhelfen. In die vorbereitete Form füllen und im heißen Ofen 18–20 Min. backen. Herausnehmen, auskühlen lassen und anschließend in 12 Stücke schneiden.

> **TIPP** Wenn wenige Zutaten für ein Rezept verwendet werden, ist deren hohe Qualität noch wichtiger. Kauft daher hochwertige Schokolade, gute Mandeln und erstklassiges Kakaopulver. Auch Bio-Eier und -Butter machen den Unterschied. Kauft so hohe Qualität, wie ihr euch leisten könnt, für diesen Genuss.

GEBÄCK & KUCHEN

LOW-CARB-CHEESECAKE

PRO STÜCK: 302 KCAL | 10 G E | 24 G F | 17 G KH
ZZGL. MIND. 6 STD. 35 MIN. KÜHLZEIT
ZUTATEN FÜR 12 STÜCKE

- 60 g Butter, in Stücken, zzgl. etwas mehr zum Fetten der Form
- 80 g Mandelmehl
- 170 g Xylit
- 1 Prise Salz
- 3 Eier
- 450 g Frischkäse
- 100 g Schmand
- 120 g Sahne
- Saft von 1 Zitrone
- 1 TL Vanillepaste
- 1 Handvoll Blau- und Himbeeren
- Blättchen von 1 Stiel Minze

1 Den Boden einer Springform (Ø 26 cm) mit Backpapier auslegen und den Rand einfetten.

2 Die Butter in den 🍵 geben und **4 Min. | 60 °C | Stufe 2** schmelzen. 70 g Mandelmehl, 50 g Xylit sowie Salz zufügen und **30 Sek. | Stufe 5** vermengen. Teig in die Springform geben, mit einem Löffel verteilen, glatt drücken und 20 Min. kalt stellen. Den Backofen auf 200 °C Ober-/Unterhitze vorheizen. Den Kuchenboden 8 Min. vorbacken, herausnehmen und abkühlen lassen.

3 Inzwischen den Rühraufsatz in den 🍵 setzen. Eier mit Rest Xylit hineingeben und **3 Min. | Stufe 4** schaumig schlagen. Frischkäse, Schmand, Sahne, Zitronensaft, Vanillepaste sowie übriges Mandelmehl zufügen und **20 Sek. | Stufe 3** verrühren. Die Masse in die Form füllen und 15 Min. ruhen lassen.

4 Den Kuchen 10 Min. backen. Dann die Temperatur auf 130 °C reduzieren und 1 Std. fertig backen. Ofen ausschalten und Kuchen im Ofen auskühlen lassen. Den Cheesecake mind. 6 Std. oder über Nacht kalt stellen. Danach mit Blaubeeren, Himbeeren und Minze garniert servieren.

GEBÄCK & KUCHEN

SNACKS

Mit diesen Tipps und Rezepten ist das Naschen zwischen den Mahlzeiten erlaubt und sie helfen durchzuhalten!

1 GLAS AM TAG

Nüsse und Kerne sind das Beste, was ihr euch, eurem Körper und eurem Hirn geben könnt! Mit ihren gesunden Fetten bringen sie euch reichlich Energie.

Wie macht's Spaß? Kauft euch zunächst wirklich hochwertige Nüsse und Kerne. Auch für Schokolade, Chips und Eis geben wir gern mehrere Euro aus, warum also hier sparen? Kauft am besten gleich größere Packungen. Zu Hause wird dann das eigene „Studentenfutter" gemixt. Schnappt euch 7 saubere Schraubgläser à 100 ml und füllt diese mit einem Mix aller Nüsse und Kerne. Notiert jeweils den Wochentag auf einem Etikett oder auf dem Deckel. So wisst ihr, wie viel ihr am Tag noch snacken könnt und braucht euch morgens nur das Glas auf den Schreibtisch zu stellen oder in die Tasche zu stecken. Jetzt bei kleinen Hungerattacken direkt zugreifen und Energie tanken!

Nicht alle Nüsse und Kerne eignen sich für die Low-Carb-Ernährung. Pinienkerne, Cashews und Pistazien etwa sollten nicht zu oft auf dem Speiseplan stehen.

Greift zu bei den Nüssen und Kernen in der rechten Spalte! Für mehr Aroma könnt ihr jede Sorte auch vor dem Snacken – oder Verarbeiten – noch anrösten.

ENTSPANNENDE KAFFEEZEIT

Gute Nachrichten für Kaffeezeit-Genießer – ihr müsst nicht verzichten! Macht es euch am Nachmittag mit einem Kaffee oder Espresso gemütlich und gönnt euch dazu auch ein Stück Edelbitterschokolade höchster Qualität mit einem Kakaogehalt von mindestens 70 %. Lasst dabei nur Süßungsmittel in den Heißgetränken weg. Genießt die dunkle Schokolade langsam und lasst sie in aller Ruhe auf der Zunge zergehen, so habt ihr länger etwas vom Genuss und schmeckt die Qualität!.

NÜSSE & KERNE

CHIASAMEN

HASELNÜSSE

KÜRBISKERNE

MACADAMIANÜSSE

MANDELN

PARANÜSSE

PEKANNÜSSE

PINIENKERNE

SONNENBLUMEN-KERNE

WALNÜSSE

10 KERNIGE MÜSLICRISPS

1 Ei, 35 g Honig sowie 1 Prise Salz in den 🍶 geben und **10 Sek. | Stufe 4** vermischen. Ofen auf 130 °C Umluft vorheizen. 50 gehackte Mandeln, 55 g Sonnenblumenkerne, 20 g Sesam, 35 g Kürbiskerne, 30 g Walnüsse zufügen und **10 Sek. | 🎧 | Stufe 3** verrühren. Aus der Masse esslöffelweise 10 Häufchen auf ein Blech mit Backpapier geben, jedes flach drücken und rund formen. Nun im heißen Ofen ca. 30 Minuten goldbraun backen.

Bewahrt die Crisps am besten zwischen Backpapierlagen auf. Pro Stück à 25 g sind 129 kcal, 5 g E, 9 g F und 7 g KH enthalten.

BLITZ-PIZZA

Manchmal muss es heiß und deftig wie vom Fast-Food-Restaurant sein. Dann bereiten wir die schnellsten Mini-Pizzen der Welt zu! Backofen auf 250 °C Umluft vorheizen. 1 Aubergine, 80 g Kirschtomaten in Scheiben schneiden. Auberginenscheiben auf ein Blech mit Backpapier legen, mit etwas Tomatenmark oder hausgemachter Tomatensoße bestreichen, mit Oregano, Salz, Pfeffer bestreuen. Mit den Tomatenscheiben belegen. 1 halbierte Kugel Mozzarella **3 Sek. | Stufe 7** zerkleinern, über die Pizzen streuen. Im vorgeheizten Ofen etwa 10 Min. backen und heiß genießen.

PARMESAN-CHIPS

Chips – schön salzig, mit Knuspereffekt, aber ohne Kohlenhydrate? Das geht mit Parmesan! 100 g Parmesan im **10 Sek. | Stufe 10** zerkleinern. Für 6 Chips je 1 EL Käse auf ein Blech mit Backpapier setzen, rund formen, flach drücken, mit 1–2 Prisen getrockneten Kräutern wie Oregano bestreuen. 9 Min. bei 200 °C Ober-/Unterhitze backen, abkühlen lassen. Ihr könnt die Chips auch wie Croûtons auf Suppe geben.

EINFACH SELBST MACHEN!

FÜR DIE SEELE

SÜSSE GETRÄNKE

Ab und an Lust auf Limonaden und Säfte? Die stecken leider voller Zucker bzw. Fruchtzucker. Viel besser ist Wasser oder auch Tee oder Eistee! Greift nicht zu aromatisierten Erfrischungsgetränken aus dem Handel, sondern stellt eure eigenen her – ganz ohne Zucker. Für Eistee: Kocht morgens einen Liter Früchtetee mit der doppelten Portion losem Tee, lasst ihn über Tag abkühlen und stellt ihn über Nacht in den Kühlschrank. Dann bei Bedarf für 1 Glas 200 g Eis in den geben, **3–5 Sek. | Stufe 6** crushen und in ein Glas geben. 200 g kalten Früchtetee darübergießen und genießen. Wer mag, gibt noch Zitrone oder geriebenen Ingwer dazu.

SCHOKOLADE

Edelbitterschokolade mit mindestens 70 % Kakaoanteil könnt ihr nach eurem eigenen Geschmack noch mit gerösteten Nüssen und Kernen verfeinern (siehe linke Seite). Zerkleinert die Nüsse (siehe Seite 255) und füllt sie um. Zerkleinert und schmelzt die Schokolade (siehe Seite 255/256) und gießt sie auf ein Blech mit Backpapier. Gehackte Nüsse und Kerne darüberstreuen, fest werden lassen und in Stücke brechen. Kühl und trocken lagern.

MOTIVATIONS-TIPP

Bewegung tut gut!

Das werdet ihr ganz schnell merken – nicht nur eure Ernährung wird euch fitter und wacher machen, sondern ihr werdet automatisch mehr Lust auf Bewegung haben. Wie wär's mit Kissenschlachten auf dem Sofa, Radtouren oder einem langen Spaziergang?

CHORIZO-MUFFINS AUS DEM VAROMA®

PRO STÜCK: 137 KCAL | 8 G E | 10 G F | 2 G KH
ZUTATEN FÜR 14 STÜCK

- 75 g mittelalter Cheddar, in Stücken
- 1 Zucchini, in Stücken
- 120 g Chorizo, in Stücken
- 10 Eier
- 1 Prise Meersalz
- ½ TL frisch gemahlener schwarzer Pfeffer

- 4 Frühlingszwiebeln, in Ringen
- etwa 800 g Wasser

AUSSERDEM
- Silikon-Muffinform für den Varoma®

1 Den Cheddar in den ⌑ geben, **5 Sek. | Stufe 9** zerkleinern und umfüllen. Die Zucchini in den ⌑ einwiegen, **2 Sek. | Stufe 5** zerkleinern und zum Käse geben.

2 Danach die Chorizo in den ⌑ füllen, **2 Sek. | Stufe 8** zerkleinern und ebenfalls zum Käse geben. Eier mit Salz sowie Pfeffer in den ⌑ geben und **20 Sek. | Stufe 4** verquirlen. Die Käsemischung mit Frühlingszwiebeln zufügen und alles **10 Sek. | Stufe 2** vermengen.

3 Die Masse gleichmäßig auf die 7 Mulden der Silikonform verteilen und mit Frischhaltefolie abdecken. Den ⌑ reinigen. Die Form in den Varoma® stellen, 500 g Wasser in den ⌑ füllen und die Muffins **25 Min. | Varoma | Stufe 2** garen. Danach sofort aus der Form nehmen und servieren oder zum Abkühlen beiseitestellen. Wasser im ⌑ wieder auf 500 g auffüllen und mit der restlichen Muffin-Masse ebenso verfahren.

> **TIPP** Solltet ihr die 14 Muffins gleichzeitig servieren wollen, könnt ihr sie ohne Frischhaltefolie im vorgeheizten Backofen bei 200 °C Ober-/Unterhitze etwa 15 Min. backen, bis sie goldbraun sind. Sie schmecken übrigens auch kalt – daher könnt ihr sie zum Beispiel als Mittagessen mit ins Büro nehmen oder sie zum Brunch oder auf einem Büfett anbieten.

> **SILIKON-MUFFINFORM** Die praktischen Backformen sind unter www.zaubertopf-shop.de erhältlich. Ihr könnt sie im Varoma® verwenden, aber auch im Backofen und im Tiefkühler für Eis. Sie sind natürlich spülmaschinenfest. Am besten gleich zwei Formen bereithalten für größere Mengen wie diese!

SNACKS

PUMPERNICKEL-ENERGY-BALLS

PRO STÜCK: 54 KCAL | 2 G E | 3 G F | 4 G KH
ZUTATEN FÜR 60 STÜCK

- 30 g Petersilienblättchen
- 20 g Schnittlauch, in Röllchen
- 500 g Pumpernickel, in Stücken
- 600 g Frischkäse
- 1 TL Salz
- ½ TL frisch gemahlener schwarzer Pfeffer
- 2 TL edelsüßes Paprikapulver
- 80 g gekochter Schinken, in Stücken

1 Petersilie mit Schnittlauch in den geben und **3 Sek. | Stufe 7** zerkleinern. Pumpernickel zufügen und **5 Sek. | Stufe 5** zerkleinern. 5 EL von der Mischung herausnehmen und auf einem großen Teller beiseitestellen.

2 Frischkäse zusammen mit Salz, Pfeffer, Paprikapulver sowie Schinken in den geben und **45 Sek. | Stufe 4,5** vermengen. Die Masse in eine Schüssel umfüllen.

3 Mit angefeuchteten Händen kleine Kugeln aus der Masse formen und diese in den restlichen Pumpernickel-Krümeln wälzen. Energy-Balls bis zum Servieren kalt stellen.

> **TIPP** Diese Energy-Balls geben euch langfristig Energie, anstatt euren Blutzuckerspiegel nur kurz zu pushen. Pumpernickel glänzt mit vielen Ballaststoffen und fördert so die Verdauung.

HONIG-SENF-NÜSSE

PRO PORTION (40 G): 219 KCAL | 6 G E | 17 G F | 11 G KH
ZUTATEN FÜR 400 G

- 25 g Butter
- 25 g Kokosblütenzucker
- 40 g Honig
- 30 g grober Senf
- ¼ TL Chiliflocken
- 1 Prise Fleur de Sel
- 300 g gemischte Nusskerne, (Mandelkerne, Cashewkerne, Haselnusskerne)

1 Backofen auf 180 °C Ober-/Unterhitze vorheizen. Butter mit Kokosblütenzucker in den 🥣 geben und **2 Min. | 100 °C | Stufe 1** schmelzen.

2 Honig, Senf, Chiliflocken, Salz sowie Nüsse zufügen und **10 Sek. | 🔄 | Stufe 2** vermengen.

3 Mischung auf einem mit Backpapier ausgelegten Blech verteilen. 10–15 Min. im Ofen backen, dabei alle 5 Min. die Kerne wenden.

4 Nüsse herausnehmen und abkühlen lassen. Luftdich verschlossen halten sich die Nüsse etwa 4 Wochen.

> **TIPP** Nüsse sättigen lange und liefern viele wichtige Inhaltsstoffe. Haselnüsse etwa sind ein wahrer Schönheitssnack, sie enthalten sehr viel Vitamin E – gut für die Haut! Mandeln enthalten viel Eiweiß: Heißhungerattacken? Fehlanzeige! Cashews sind eine gute Magnesiumquelle und somit die ideale Nervennahrung.

SNACKS

RATZFATZ-TOFU-SUSHI

PRO PORTION: 103 KCAL | 8 G E | 5 G F | 6 G KH
ZUTATEN FÜR 4 PERSONEN

- 2 Gurken
- 10 getrocknete Tomaten in Öl, abgetropft
- 1 EL Dill
- 20 g Oliven
- 180 g Tofu, in Stücken
- 45 g Sojajoghurt

- 2 TL Zitronensaft
- 3 Prisen frisch gemahlener schwarzer Pfeffer

- AUSSERDEM
- Zahnstocher

1 | Gurken waschen und mit dem Sparschäler längs in feine Streifen von ca. 1 mm schneiden, dabei die Mitte der Gurke aussparen. Die Gurkenstreifen auf ein Papiertuch legen.

2 | Die getrockneten Tomaten mit Dill und Oliven in den ⌣ geben, **4 Sek. | Stufe 8** hacken. Tofu mit dem Joghurt, Zitronensaft sowie Pfeffer hinzufügen und **3 Sek. | Stufe 4** mixen.

3 | Je 1–2 TL der Masse auf das Ende der Gurkenscheiben legen, einrollen und mit Zahnstochern als Röllchen fixieren.

> **TIPP** Aus den Gurkenresten könnt ihr Salat, Relish, kalte Gurkensuppe oder Zaziki zubereiten.

CURRY-SELLERIE-POMMES

PRO PORTION: 172 KCAL | 3 G E | 16 G F | 5 G KH
ZUTATEN FÜR 2 PERSONEN

- 700 g Wasser
- 400 g Knollensellerie
- 30 g Kokosöl
- 4 TL Currypulver

- 2 TL edelsüßes Paprikapulver
- ¼ TL Salz
- 1 TL Kümmel
- 1 Prise Zucker

1 Wasser in den ⌂ füllen. Sellerie in Stifte schneiden, in den Gareinsatz legen und etwa **15 Min.** | **Varoma®** | **Stufe 1** dünsten. Zur Seite stellen. Für die Marinade das Kokosöl **2 Min.** | **37°C** | **Stufe 1** erwärmen, anschließend Currypulver, Paprikapulver, Salz, Kümmel sowie Zucker hinzufügen und alles **10 Sek.** | ↻ | **Stufe 5** verrühren.

2 Die Marinade über den Sellerie geben, vermengen und etwas durchziehen lassen. Warm oder kalt servieren.

> **TIPP** Lust auf Pommes frites? Dies ist die gesunde Low-Carb-Variante! Daher könnt ihr sie sehr gut zu Frikadellen, Steaks und Fischfilet genießen – oder wie wir zu gekochtem Ei. Der Sellerie lässt sich zudem prima durch Kohlrabi ersetzen.

SNACKS

THUNFISCH-MUFFINS

PRO PORTION: 424 KCAL | 38 G E | 28 G F | 7 G KH
ZUTATEN FÜR 4 PERSONEN

- 100 g rote Paprikaschote, in Stücken
- 60 g Karotten, in Stücken
- 1 Zwiebel, halbiert
- 2 Dosen Thunfisch (ca. 260 g), im eigenen Saft
- 2 Eier
- 1 TL gemischte getrocknete Kräuter
- ½ TL Salz
- 3 Prisen frisch gemahlener schwarzer Pfeffer
- 2 EL Pizzakäse zum Überbacken

Backofen auf 180 °C Ober-/Unterhitze vorheizen. Gemüse mit Zwiebel in den 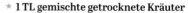 geben und **5 Sek. | Stufe 7** zerkleinern. Den abgetropften Thunfisch, Eier, Kräuter, Salz sowie Pfeffer zufügen und weitere **5 Sek. | Stufe 4** vermischen. In Muffinförmchen geben, jeweils mit etwas Käse bestreuen und 15–20 Min. backen.

> **TIPP** Diese Muffins sind der ideale herzhafte Snack für den kleinen Hunger zwischendurch – ob im Büro oder unterwegs. Ihr könnt sie auch am Sonntag zubereiten und einfrieren, um dann für jeden Tag ein Teilchen mitzunehmen.

SNACKS

MAISWAFFELN MIT GUACAMOLE

PRO STÜCK: 202 KCAL | 5 G E | 11 G F | 19 G KH
ZUTATEN FÜR 12 STÜCK

- 125 g Dinkelmehl Type 630
- 140 g Maismehl
- 2 TL Weinstein-Backpulver
- 1 TL Natron
- 2 Eier, getrennt
- 60 g Rapsöl zzgl. etwas mehr zum Einfetten
- 400 g Buttermilch
- 1¾ TL Salz
- ¼ TL frisch gemahlener schwarzer Pfeffer
- Fruchtfleisch von 2 reifen Avocados
- 20 g Limettensaft
- ¼ TL Chiliflocken
- ¼ TL Kreuzkümmelpulver
- 75 g Mais (Dose), abgetropft

1 Dinkelmehl, Maismehl, Backpulver und Natron in einer Schüssel mischen. Den Rühraufsatz einsetzen. Die Eiweiße in den geben und **3 Min. | Stufe 3,5** steif schlagen. Rühraufsatz entfernen und den Eischnee in eine Schüssel umfüllen.

2 Öl, Buttermilch, Eigelbe, 1 TL Salz sowie den Pfeffer in den geben und **15 Sek. | Stufe 5** verrühren. Die Mehlmischung zufügen, **10 Sek. | Stufe 5** verrühren und in eine Rührschüssel umfüllen. Den Eischnee daraufgeben und mithilfe des untermischen.

3 Backofen auf 100 °C Ober-/Unterhitze vorheizen und ein Blech mit Backpapier belegen. Das Waffeleisen vorheizen und ggf. einfetten.

4 Den Teig portionsweise mit einer Kelle in das Waffeleisen geben und 12 goldbraune Waffeln backen. Die fertigen Waffeln auf das vorbereitete Backblech legen und im heißen Ofen auf der mittleren Schiene warm halten. In dieser Zeit mit dem Rezept fortfahren. Den spülen.

5 Avocados, Limettensaft, Chiliflocken, ¾ TL Salz sowie Kreuzkümmel in den geben und **10 Sek. | Stufe 4** mischen. Die Maiskörner zufügen und **4 Sek. | Stufe 2,5** untermischen. Die Guacamole abschmecken und umfüllen. Die warmen Waffeln mit der Guacamole anrichten und sofort servieren.

> **TIPP** Anstatt süße Waffeln am Nachmittag zu backen, stellt ein paar neutrale her und ergänzt dazu die Guacamole. Ihr werdet sehen – auch Herzhaftes kann durch das Nachmittagstief helfen! Die Avocados sind dabei zwar sehr fettreich, aber sie enthalten jede Menge ungesättigte Fettsäuren. Diese sind für unseren Körper richtig gesund (siehe auch Seite 73).

SNACKS

SÜSSE KAROTTEN-KOKOS-BITES

PRO STÜCK: 68 KCAL | 1 G E | 6 G F | 4 G KH
ZZGL. 1 STD. KÜHLZEIT
ZUTATEN FÜR 20 STÜCK

* 2 TL Chiasamen
* 40 g Wasser
* 40 g Mandelkerne
* 40 g Haselnusskerne
* 150 g Karotten, in Stücken
* 100 g Kokosraspel zzgl. etwas mehr zum Garnieren
* 30 g Honig

1 Chiasamen in Wasser 10 Min. einweichen lassen. Die Mandeln mit den Haselnüssen in den ⌒ geben und **4 Sek. | Stufe 7** zerkleinern, umfüllen. Die Karotten in den ⌒ geben und **4 Sek. | Stufe 8** zerkleinern. Mit dem ⌒ nach unten schieben.

2 Zerkleinerte Nüsse, Kokosraspel, Chiasamen sowie Honig zufügen und **1 Min. | Stufe 3** mischen, sodass eine klebrige Masse entsteht. Ggf. noch etwas Wasser zugeben und dann erneut vermengen.

3 Etwa 20 gleich große Kugeln aus der Masse formen und in den Kokosraspeln wälzen. Auf einem Teller verteilen und etwa 1 Std. im Kühlschrank kalt stellen. Gekühlt gelagert sind die Bites etwa 2 Wochen haltbar.

> **TIPP** Lust auf Süßes? Dann nutzt die Süße von Karotten für euch! Die kleinen Snack-Bites erhalten weitere sanfte Süße von Honig und Kokos. Auch perfekt zur Kaffeezeit!

SNACKS

SMOOTHIES

Mit mit dem Thermomix® bereitet ihr in Sekunden herrlich cremige Smoothies für einen wahren Vitaminkick zu

ENTSAFTEN

Säfte aus dem Supermarkt sind oft voller Zucker und damit nicht für die kohlenhydratarme Ernährung geeignet. Entsaftet daher mit dem Thermomix®: 700 g Wasser in den ⌴ geben, Garkorb einhängen. Eine hitzebeständige Schale, die exakt hineinpasst, in diesen stellen. Deckel des ⌴ schließen. 1000 g Beeren in den Varoma® geben, Deckel aufsetzen und **45 Min.** | **Varoma®** | **Stufe 2** entsaften. Alle 15 Min. den Vorgang unterbrechen und den Saft aus der Schale in ein Gefäß umfüllen. Je nach Reife der Früchte kann der Entsaftungsprozess kürzer oder länger dauern. Dauert er länger, muss ggf. mehr Wasser in den ⌴ gegeben werden.

GUT VORBEREITET

Eure Smoothies solltet ihr immer frisch zubereiten! Bei längerem Stehen gehen nicht nur die fluffige Konsistenz, sondern auch Vitamine und Nährstoffe verloren. Ein toller Trick ist es, sich vorab die Zutaten wie z. B. Obststücke und Nüsse in Beutel abzufüllen und einzufrieren. Diese könnt ihr nach Bedarf entnehmen, in den ⌴ geben, Flüssigkeit zugeben und losmixen.

EINE GANZE SATTMACHER-MAHLZEIT

Der Mix aus selbst gemachtem Smoothie und den richtigen Toppings macht lange satt und liefert noch dazu alle wichtigen Nährstoffe. Denkt unbedingt daran, dass durch ihre hohe Energiedichte und ihren Sättigungseffekt viele Smoothies als vollwertige Mahlzeit gelten und keineswegs als Zwischensnack! Beachtet stets die Kohlenhydratangaben.

RICHTIG SÜSSEN

In Obst steckt von Natur aus Fruchtzucker. Manche Sorten enthalten besonders in sehr reifem Zustand so viel davon, dass sie speziell in Kombination mit anderen Zutaten nicht mehr Low Carb sind. Achtet deshalb darauf, Äpfel, Birnen, rote Trauben und Bananen eher selten oder nur in geringer Menge mitzuverarbeiten. Auch Honig, Agavendicksaft und Ahornsirup sind Zuckerbomben. Für zusätzliche Süße könnt ihr bei Bedarf stattdessen besser mit Stevia oder Xylit nachsüßen.

TOPPINGS

KAKAONIBS

KOKOSFLOCKEN

NÜSSE & KERNE

SAMEN & SAATEN

FRISCHE FRÜCHTE

MIX & MATCH

Je nachdem, worauf ihr Lust habt, könnt ihr unterschiedliche Zutaten kombinieren. Als Basis verwendet ihr entweder frisches oder gefrorenes Obst und Gemüse. Es gilt die Faustregel: Haltet ein Verhältnis von 1 : 1 : 1 ein – sprich 1 Teil Gemüse, 1 Teil Obst sowie 1 Teil Flüssigkeit.

Obstbasis
Ananas, Aprikose, Avocado, Blaubeere, Blutorange, Brombeere, Erdbeere, Granatapfel, Grapefruit, Himbeere, Johannisbeere, Kiwi, Mango, Maracuja, Melone, Orange, Papaya, Pfirsich, Stachelbeere

Gemüsebasis
Blattsalat, Feldsalat, Grünkohl, Gurke, Karotte, Mangold, Rote Bete, Sellerie, Spinat, Wildkräuter

Flüssigkeit
Milch, vegane Drinks, Joghurt, Kokosmilch oder -wasser, selbst gemachte Obstsäfte, Wasser

SO SÜSS UND TROTZDEM LOW CARB

FRISCH & SPRITZIG

EXTRACREMIG

Die leckersten Smoothies haben eins gemein – ihre cremige Konsistenz! Diese ist kein Hexenwerk und gelingt mit dem Thermomix® garantiert. Ihr braucht dafür lediglich Eiswürfel, Avocado oder eingeweichte Cashews. Alternativ eignet sich auch Nussbutter – wie ihr Mandelmus herstellt, erfahrt ihr auf Seite 14. Den Rest übernimmt der Thermomix® für euch!

MUT ZUR WÜRZE

Für einen guten Smoothie braucht es oft nicht mehr als ein bisschen Mut, Kreativität und hochwertige Zutaten. Allein durch feine Gewürze könnt ihr eurem Lieblingsrezept einen frischen, aufregenden Kick geben. Experimentiert bei der Auswahl ruhig und verwendet auch mal Chili, Ingwer oder Pfeffer. Toll schmecken auch Basilikum, Chai-Gewürz, Kardamom, Koriander, Kurkuma, Limettensaft, Minze, Petersilie, Tonkabohne, Vanille, Zimt, Zitronensaft oder Zitronenmelisse.

RESTE, ADIEU

Smoothies sind eine ideale Möglichkeit, übrig gebliebene Obst- und Gemüsereste zu verarbeiten. Überreifes Obst verleiht diesem sogar eine Extraportion natürliche Süße! Auf diese Weise könnt ihr Lebensmittel retten, die viel zu schade für die Tonne wären.

SCHWARZE-JOHANNISBEEREN-SMOOTHIE

PRO PORTION: 229 KCAL | 10 G E | 9 G F | 25 G KH
ZUTATEN FÜR 2 PERSONEN

- 250 g Schwarze Johannisbeeren
- 200 g Kefir
- 300 g Milch
- 1 TL Zitronensaft
- 10 g Honig
- essbare Blüten zum Garnieren

1 | 200 g Johannisbeeren mit den restlichen Zutaten, bis auf die essbaren Blüten, in den ⌴ geben und **1 Min. | Stufe 10** pürieren.

2 | Die restlichen Johannisbeeren hinzufügen und **5 Sek. | Stufe 5** zerkleinern. Den Smoothie in 2 Gläser füllen und mit essbaren Blüten garniert servieren.

> **TIPP** Schwarze Johannisbeeren sind ein echtes heimisches Superfood mit immens viel Vitamin C – super fürs Immunsystem! Zudem gelten sie als „Fettkiller". Sie enthalten viel Magnesium, Kalium und Eisen – diese drei Mineralstoffe begünstigen die Fettverbrennung. Wenn ihr die dunklen Beeren bekommt, schnappt sie euch!

SMOOTHIES

EXOTISCHE SMOOTHIE-BOWL

PRO PORTION: 308 KCAL | 7 G E | 15 G F | 20 G KH
ZUTATEN FÜR 4 PERSONEN

- 70 g Mandelkerne
- 250 g Mango, in Stücken
- 100 g Birne, in Stücken
- 100 g Apfel, in Stücken
- 150 g Erdbeeren
- 200 g Mandelmilch
- 20 g Kokosraspel
- 2 TL Leinsamen

1 Mandelkerne in den geben und **3 Sek. | Stufe 5** zerkleinern. Umfüllen und beiseitestellen.

2 Mango, Birne, Apfel, Erdbeeren sowie Mandelmilch in den geben und **30 Sek. | Stufe 10** pürieren. Smoothie in 4 Schalen füllen. Mit zerkleinerten Mandeln, Kokosraspeln sowie Leinsamen garnieren.

> **TIPP** Achtet in einer Low-Carb-Ernährung darauf, nicht allzu oft zu Obst zu greifen: Der Fruchtzucker lässt den Insulinspiegel schneller steigen – dadurch bekommt ihr rasch wieder Hunger. Aber wenn schon süß, dann fruchtig und hochwertig wie hier! Mango enthält wenig Säure, die Mandelmilch reichlich gutes Fett, Leinsamen regen die Verdauung an, das übrige Obst versorgt euch mit Vitaminen. Die Kombination tut einfach gut!

SMOOTHIES

APFEL-MANDEL-SHAKE

PRO PORTION: 230 KCAL | 23 G E | 5 G F | 23 G KH
ZUTATEN FÜR 2 PERSONEN

- 1 Apfel, geviertelt
- 300 g Magerquark
- 400 g Mandelmilch
- ¼ TL Vanillepulver oder -extrakt

Apfelviertel in den 🥣 geben und dann **5 Sek. | Stufe 8** zerkleinern. Mit dem 🔪 nach unten schieben. Restliche Zutaten zufügen und weitere **30 Sek. | Stufe 10** pürieren. Den Shake in 2 Gläser füllen und genießen.

> **TIPP** Mandelmilch und Magerquark enthalten generell wenig Fett. Das Fett der Mandelmilch ist zudem sehr gesund. Magerquark ist reich an Eiweiß und Kalzium, beide helfen beim Sattmachen, beim Muskelaufbau und letzten Endes bei der Fettverbrennung.

GRÜNER POWER-MIX

PRO PORTION: 108 KCAL | 3 G E | 1 G F | 23 G KH
ZUTATEN FÜR 4 PERSONEN

- 250 g junger Grünkohl
- 2 grüne Äpfel, geviertelt
- 1 Orange, filetiert
- ½ Gurke, geschält, in Stücken
- 1–2 cm Ingwer
- Blättchen von 3 Stielen Minze zzgl. etwas mehr zum Garnieren
- 80 g Wasser

1 Grünkohl, Äpfel, Orange, Gurke, Ingwer, Minze sowie Wasser in den geben und **45 Sek. | Stufe 8** pürieren.

2 Nach Belieben noch etwas Wasser zufügen, bis der Smoothie die gewünschte Konsistenz hat. Dann in Gläser füllen und mit einigen Minzblättchen garniert servieren.

> **TIPP** Hier bekommt ihr die volle Power. Grünkohl gehört zu den absoluten Kraftgebern, er strotzt nur so vor guten Nährstoffen. Minze wirkt entgiftend und Ingwer regt den Stoffwechsel an. Eine gute Kombination zum „Detoxen".

GELBER MANGO-LASSI MIT KOKOSMILCH

PRO PORTION: 208 KCAL | 2 G E | 15 G F | 16 G KH
ZUTATEN FÜR 4 PERSONEN

- 450 g reife Mango, in Stücken
- 10 Eiswürfel
- 400 g Kokosmilch (Dose)
- 1 TL Zitronensaft
- 200 g kaltes Wasser
- 2 Prisen Kardamompulver
- 1 TL Kurkumapulver
- 20 g Agavendicksaft
- Blättchen von 2 Stielen Minze

Mango in den 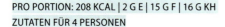 geben, **10 Sek.** | **Stufe 6** zerkleinern. Eiswürfel zufügen, **3 Sek.** | **Stufe** 5 zu Crushed Ice verarbeiten. Kokosmilch, Zitronensaft, Wasser, Kardamom, Kurkuma sowie Agavendicksaft zugeben, **20 Sek.** | **Stufe** 5 mischen. Auf 4 Gläser aufteilen, mit Minzblättchen garnieren und sofort servieren.

> **TIPP** Die Mango enthält sehr wenig Säure, während die Kokosmilch sich durch gesunde Fette auszeichnet. Kurkuma wirkt antibakteriell. Dieser Mango-Lassi sorgt also für einen guten Start in den Tag.

WEIHNACHTEN

Weihnachtszeit ist Schlemmerzeit – auch für diese Saison haben wir viele Mix-Ideen, damit echte Stimmung aufkommt!

KEKSE AUSSTECHEN

Wenn ihr keinen Keksausstecher griffbereit habt, könnt ihr auch einfach den Messbecher eures Thermomix® verwenden, um Kekse auszustechen. Beim TM31 ist es sogar ein richtig hübscher Kreis!

PUDERZUCKER UND ZUCKERGUSS

Weiße Weihnacht gehört auch auf die Plätzchen! Hier zeigen wir euch, wie einfach es ist, Low-Carb-Puderzucker in eurem Thermomix® selbst zuzubereiten.

200 g Erythrit in den 🥣 geben und **20 Sek. | Stufe 10** pulverisieren. Achtet dabei darauf, dass der 🥣 sauber und fettfrei ist. Für den geeigneten Zuckerguss 1 Eiweiß sowie 1 TL Zitronensaft zufügen und **10 Sek. | Stufe 6** vermengen.

TK-PLÄTZCHEN VON DER ROLLE

Plätzchen ohne Ei, wie unseren Mürbeteig auf Seite 242, könnt ihr vorbereiten, einen Strang daraus formen und diesen in Portionen einfrieren. Habt ihr Heißhunger auf ein paar Plätzchen, entnehmt ihr ein Stück, schneidet es in Scheiben und backt diese frisch auf.

MARZIPANKARTOFFELN

250 g Xylit in den 🥣 einwiegen, **20 Sek. | Stufe 10** pulverisieren und umfüllen. 280 g blanchierte Mandeln in den 🥣 geben und **20 Sek. | Stufe 8** mahlen. Puder-Xylit, bis auf 1 EL, mit 20 g Rosenwasser zufügen und **3 Min. | 🌡** zu einer homogenen Masse vermengen. Marzipanmasse entnehmen, mit der Hand noch einmal durchkneten und dann zu ca. 25 kleinen Kugeln formen. Je 1 EL Xylit und Zimt mischen und die Kartoffeln darin wälzen.

ZIMTPULVER

100 g Zimtstangen pulverisieren:

30 SEK. | STUFE 10

MOTIVATIONS-TIPP

Seid ihr doch einmal schwach geworden? Kein Grund zur Panik! Wichtig ist es, am nächsten Tag das Ziel wieder im Blick zu haben.

WINTERGEWÜRZ

Mmmh, wie das duftet! Mit Gewürzen wie Zimt, Nelken und Anis liegt Weihnachten förmlich in der Luft! Wir verraten euch eine leckere Gewürzmischung, die ihr ganz einfachen selbst herstellen könnt.

Für 1 Glas à 45 ml 20 g Zimtstangen, 1 ½ TL Anissamen, ½ TL frisch gemahlener schwarzer Pfeffer, ¾ TL Ingwerpulver, 1 TL Koriandersamen, 1 TL Kardamompulver, ¼ TL frisch geriebene Muskatnuss und 8 Gewürznelken in den 🍵 geben. Den Garkorb einsetzen, um zu vermeiden, dass die Gewürze beim Zerkleinern herausfliegen. Gewürze **45 Sek. | Stufe 10** mahlen.

Danach in kleine Gläser füllen und an einem trockenen Ort lagern. So hält sich das Gewürz bis zu einen Monat.

TIPP: Das Gewürz harmoniert ganz wunderbar mit Gebäck, ihr könnt es auch an Smoothies, auf den Milchschaum eurer Kaffee-Spezialität geben oder auch an pikante Fleischgerichte wie Rinderbraten.

ES WEIHNACHTET SEHR ...

ZEIT FÜR AROMEN

KLEBRIGE TEIGRESTE?

Um klebrige Teigreste vom Mixmesser und aus dem 🍵 einfach zu lösen, gebt 1 EL Mehl in den 🍵, verschließt ihn und betätigt 1–2 Sek. den Turbo. Dabei wird der Teig mit Mehl bestäubt und so trockener, zudem wird er an die Außenwände geschleudert. Nun könnt ihr diese ganz einfach mithilfe des 🥄 herauslösen. Jetzt einmal das Vorspülprogramm starten und der 🍵 ist wieder blitzblank!

MIT LIEBE VERSCHENKEN

Eure selbst gemixten Geschenke habt ihr mit viel Hingabe zubereitet. Die sollte nicht beim Einpacken aufhören! Für eine hübsche Verpackung braucht es nicht viel. Schaut doch mal, was ihr im Haushalt entbehren könnt: Etwas Juteband, ein Schraubglas oder eine Brottüte genügen schon, um eure Naschereien liebevoll zu verpacken.

ZIMTSTERNE

PRO STÜCK: 64 KCAL | 2 G E | 5 G F | 6 G KH
ZZGL. 2 STD. KÜHLZEIT
ZUTATEN FÜR 25 STÜCK

- 100 g Haselnusskerne
- 100 g Mandelkerne
- 125 g Xylit
- 2 Eiweiß

- 1 Prise Salz
- 1 TL Zimtpulver
- 1 Msp. Nelkenpulver

1 Haselnüsse sowie Mandeln in den 🥣 geben, **10 Sek. | Stufe 8** mahlen und umfüllen. Den 🥣 spülen. Xylit in den 🥣 geben, **15 Sek. | Stufe 10** pulverisieren und umfüllen.

2 Den Rühraufsatz einsetzen. Eiweiße mit Salz im 🥣 **3 Min. | Stufe 4** steif schlagen, dabei nach und nach den pulverisierten Xylit durch die Deckelöffnung einrieseln lassen. 3 EL Eischnee abnehmen und kalt stellen.

3 Zimt, Nelkenpulver, gemahlene Haselnüsse und Mandeln mithilfe des 🥄 unter den Eischnee heben. Falls der Teig zu klebrig sein sollte, noch mehr gemahlene Haselnüsse und Mandeln dazugeben.

4 Teig zwischen zwei Lagen Backpapier fingerdick ausrollen und auf ein Backblech legen, etwa 2 Std. kalt stellen.

5 Backofen auf 100 °C Ober-/Unterhitze vorheizen. Ein Blech mit Backpapier auslegen.

6 Mit einem Sternausstecher aus dem Teig Kekse ausstechen. Mit restlichem Eischnee bestreichen und im heißen Ofen auf mittlerer Schiene etwa 15 Min. backen.

> **TIPP** Nelkenpulver könnt ihr mit dem Thermomix® einfach selbst herstellen. Dafür mind. 50 g Nelken in den 🥣 geben und **1 Min. | Stufe 10** mahlen.

> **HINWEIS** Damit es beim Mahlen nicht so staubt, könnt ihr einfach ein feuchtes Küchenkrepp über den 🥣 legen und dann den Deckel aufsetzen.

KOKOSMAKRONEN

PRO STÜCK: 54 KCAL | 1 G E | 4 G F | 5 G KH
ZUTATEN FÜR 32 STÜCK

- 120 g Xylit
- 4 Eiweiß
- 1 Prise Salz
- 2 EL Zitronensaft
- 50 g Quark
- 200 g Kokosraspel

1 Backofen auf 120 °C Ober-/Unterhitze vorheizen. 2 Bleche mit Backpapier auslegen. Xylit in den ⌣ geben, **20 Sek. | Stufe 10** pulverisieren und umfüllen. Den ⌣ spülen.

2 Den Rühraufsatz in den sauberen ⌣ einsetzen. Eiweiße mit Salz in den ⌣ geben und **5 Min. | Stufe 4** steif schlagen. Dabei nach und nach den pulverisierten Xylit durch die Deckelöffnung einrieseln lassen.

3 Zitronensaft, Quark sowie Kokosraspel zufügen und **2 Min. | Stufe 4** unterrühren. Mithilfe von 2 Teelöffeln kleine Kokosberge auf die Bleche setzen. Im heißen Ofen auf mittlerer Schiene ca. 20 Min. backen und anschließend auskühlen lassen.

> **TIPP** Kristallzucker kann 1 : 1 durch Xylit ersetzt werden. Der Ersatzzucker schmeckt fast genauso wie herkömmlicher Haushaltszucker und enthält praktisch keine Kohlenhydrate.

> **HINWEIS** Schlagt nicht mit dem Löffel auf den Rand des ⌣ beim Einwiegen des Quarks, die Waage ist zwar extrem praktisch, aber auch empfindlich. Nehmt lieber einen Spatel zu Hilfe, um klebrige Reste vom Löffel zu bekommen.

SPRITZGEBÄCK

PRO STÜCK: 45 KCAL | 2 G E | 3 G F | 3 G KH
ZUTATEN FÜR 50 STÜCK

- 120 g Xylit
- 100 g Mandelkerne
- 100 g Mandelmehl
- 1 EL Johannisbrotkernmehl
- 1 TL Vanilleextrakt
- 1 TL Backpulver
- 100 g Sahne
- 100 g weiche Butter, in Stücken
- 2 Eigelb

1 Backofen auf 160 °C Ober-/Unterhitze vorheizen. 2 Bleche mit Backpapier auslegen. Xylit in den ⌒ geben, **20 Sek. | Stufe 10** pulverisieren und umfüllen. Mandeln in den ⌒ geben und **10 Sek. | Stufe 8** mahlen.

2 Mandelmehl, Johannisbrotkernmehl, Vanille, Backpulver sowie den pulverisierten Xylit zufügen und **10 Sek. | Stufe 4** vermischen. Sahne, Butter und Eigelbe dazugeben und **3 Min. |** ⚙ zu einem glatten Teig verkneten.

3 Den Teig in einen Spritzbeutel mit großer Sterntülle füllen und dann Tupfen, S-Formen, Stangen und Kringel auf die Backbleche spritzen. Im heißen Ofen auf mittlerer Schiene nacheinander 8–10 Min. backen.

> **HINWEIS** Gemahlene Mandeln und Mandelmehl sind zwei unterschiedliche Produkte, denn das Mehl ist entölt und damit kalorienärmer als die puren Kerne. Beim Backen mit Mandelmehl solltet ihr mehr Flüssigkeit zugeben als bei der Verwendung herkömmlichen Mehls, da es ein recht trockener Ersatz ist.

NUSS-LEBKUCHEN

PRO STÜCK: 330 KCAL | 10 G E | 25 G F | 25 G KH
ZZGL. 1 STD. RUHEZEIT
ZUTATEN FÜR 10 STÜCK

- 1 TL Pottasche
- 1 TL Wasser
- 200 g Mandelkerne
- 50 g Haselnusskerne
- 80 g Walnusskerne

- 3 Eier
- 125 g Erythrit
- 3 TL Lebkuchengewürz
- Abrieb von 1 unbehandelten Orange
- 120 g Zartbitterschokolade, in Stücken

1 Backofen auf 180 °C Ober-/Unterhitze vorheizen. Blech mit Backpapier auslegen. Pottasche mit Wasser mischen und auflösen. Mandeln in den geben, **20 Sek. | Stufe 7** mahlen und umfüllen. Haselnüsse sowie Walnüsse im nacheinander jeweils **8 Sek. | Stufe 6** hacken und ebenfalls umfüllen.

2 Eier sowie Erythrit in den geben und **2 Min. | Stufe 5** schaumig aufschlagen. Pottasche mit Lebkuchengewürz zufügen und **30 Sek. | Stufe 5** unterrühren.

3 Gemahlene Mandeln, Haselnüsse, 50 g Walnüsse sowie Orangenabrieb in den geben, **1 Min. | Stufe 4,5** unter die Eimasse rühren. Mit einem Löffel oder Eisportionierer Kugeln auf das Backblech setzen und etwas platt drücken. Im heißen Ofen 20–25 Min. backen, 1 Std. auskühlen lassen.

4 Schokolade im **10 Sek. | Stufe 7** hacken, mit dem nach unten schieben und **2 Min. | 50 °C | Stufe 2** schmelzen. Lebkuchen mit der geschmolzenen Schokolade überziehen und mit restlichen Walnüssen bestreuen.

> **TIPP** Anstelle von Haselnüssen könnt ihr auch Macadamianüsse oder Pekannüsse verwenden.

> **HINWEIS** Zartbitterschokolade enthält weniger Zucker und mehr Kakao als Vollmilchschokolade, ihr dürft also ab und an ruhig etwas von der dunklen Schokolade naschen oder sie zum Backen verwenden. Eine hochwertige Bitterschokolade sollte einen Kakaoanteil von mindestens 60 % vorweisen.

WEIHNACHTEN

ORANGENPLÄTZCHEN

PRO STÜCK: 57 KCAL | 3 G E | 2 G F | 9 G KH
ZUTATEN FÜR 20 STÜCK

* 250 g Kichererbsen (Dose)
* 1 Ei
* 35 g Proteinpulver
* 80 g Erythrit
* 1 TL Backpulver
* Abrieb von 1 unbehandelten Orange zzgl. etwas mehr zum Garnieren
* 80 g Zartbitterschokolade, in Stücken

1 Backofen auf 180 °C Ober-/Unterhitze vorheizen. Ein Blech mit Backpapier auslegen.

2 Kichererbsen abgießen und gut abspülen. In den ⌣ geben und **1 Min. | Stufe 5–9** ansteigend fein pürieren. Ei, Proteinpulver, Erythrit, Backpulver sowie Orangenabrieb zufügen und **2 Min. | Stufe 4** zu einem Teig verrühren.

3 Mit einem Löffel ca. 20 Häufchen auf das Backblech setzen, dabei etwas Abstand zwischen den einzelnen Keksen lassen. Im heißen Ofen 15–18 Min. backen und auskühlen lassen.

4 Schokolade im ⌣ **7 Sek. | Stufe 8** zerkleinern, mit dem ⟋ nach unten schieben und anschließend **5 Min. | 50 °C | Stufe 2** schmelzen. In einen Gefrierbeutel füllen und eine kleine Ecke abschneiden. Die Schokolade in Streifen auf die Kekse spritzen und mit abgeriebener Orangenschale garnieren.

> **TIPP** Diese Kekse kommen ganz ohne Mehl aus, perfekt für die Low-Carb-Ernährung!

> **HINWEIS** Achtet beim Kauf von Proteinpulver darauf, dass ihr auf hochwertige Produkte zurückgreift. Ein gutes Eiweißpulver enthält keine unnötigen Zusatzstoffe. Je weniger Inhaltsstoffe also aufgeführt sind, desto besser! Am besten verwendet ihr neutrale Pulver ohne Aromazusatz – stattdessen könnt ihr echte Aromen wie Zimt oder Vanille nach eigenem Geschmack einsetzen.

WEIHNACHTEN

SPITZBUBEN MIT MANDELMEHL

PRO STÜCK: 104 KCAL | 4 G E | 8 G F | 6 G KH
ZZGL. 1 STD. KÜHLZEIT
ZUTATEN FÜR 30 STÜCK

- 200 g Mandelmehl
- 80 g Kokosmehl
- 1 TL Vanillepulver oder -extrakt
- 75 g Erythrit
- 1 Prise Salz
- 240 g kalte Butter, in Stücken
- 150 g rote Konfitüre (Low Carb)
- 1 EL Wasser

1 Mandelmehl, Kokosmehl, Vanille, Erythrit und Salz in den geben und **10 Sek. | Stufe 4** vermischen. Kalte Butter zufügen und **3 Min. |** zu einem glatten Teig verkneten. Zu einer Kugel formen, in Frischhaltefolie einwickeln und 1 Std. kalt stellen.

2 Backofen auf 175 °C Ober-/Unterhitze vorheizen. 2 Backbleche mit Backpapier auslegen.

3 Teig zwischen 2 Lagen Backpapier etwa 8 mm dick ausrollen und 60 runde Kekse ausstechen. Dabei bei der Hälfte in der Mitte ein Loch, einen Stern oder ein Herz ausstechen. Im heißen Ofen nacheinander 8–10 Min. backen, auskühlen lassen.

4 Konfitüre in einem Topf mit Wasser erwärmen und glatt rühren. Die Hälfte der Kekse damit bestreichen und die Kekse mit ausgestochenem Loch daraufsetzen.

>**TIPP** Rollt den Teig nicht zu dünn aus. Durch das Kokosmehl wird mehr Flüssigkeit gebunden, als es beim klassischen Mürbeteig der Fall ist – dadurch bricht er schneller. Durch das Kokosmehl, das ja schon eine eigene Süße mitbringt, entfällt ein starkes zusätzliches Süßen.

Freut euch darauf, vier Wochen lang abwechslungsreich und stets unter 65 g Kohlenhydrate pro Tag mit eurem Thermomix® zu kochen und zu genießen!

WOCHENPLÄNE

GUT ESSEN VON MONTAGS BIS SONNTAGS

WOCHE #1

In der ersten Low-Carb-Woche erwarten euch gleich mehrere Highlights: Lachsfrikadellen, Walnussbrot und saftige Bananen-Pancakes zum Frühstück – mehr geht nicht!

	MONTAG	DIENSTAG	MITTWOCH
FRÜHSTÜCK	Chia-Mandelmilch-Pudding mit Obstpüree — Seite 18	Kunterbuntes Omelett — Seite 34	Schwarze-Johannisbeeren-Smoothie — Seite 220
MITTAG	Asiatischer Karotten-Kohlrabi-Salat — Seite 170	Spinat-Hack-Suppe mit Frischkäse — Seite 120	Hühnerfrikassee mit Kohlreis — Seite 40
ABENDESSEN	Tomate-Mozzarella-Hähnchen mit Brokkolisalat — Seite 56	Lachsfrikadellen mit Gurkensalat — Seite 82	„Kartoffelsalat" aus Kohlrabi — Seite 156
KCAL	1285 kcal	1428 kcal	1330 kcal
KH	62 g	23 g	54 g

LOS GEHT'S!

Wir erleichtern euch den Einstieg in die Low-Carb-Ernährung: Mit diesen Gerichten vergeht die erste Woche wie im Flug. Die Rezepte für einen Tag sind so aufeinander abgestimmt, dass ihr euch ausgewogen und gesund ernährt und dennoch immer unter 65 g KH bleibt. So könnt ihr einfach drauflosmixen und genießen. Mögt ihr etwas nicht, tauscht das Gericht gegen ein anderes mit ähnlicher KH-Angabe.

DONNERSTAG	FREITAG	SAMSTAG	SONNTAG
Kokos-Mandel-Porridge mit Chiasamen	2 Scheiben Walnussbrot mit deftigem Hüttenkäse	2 Scheiben Walnussbrot mit Fleischsalat	Bananen-Pancakes mit Erdnussbutter
Seite 32	Seite 140/150	Seite 140	Seite 24
Zoodles mit Paprika-Bolognese	Gewürz-Zander mit Knollengemüse	Frischkäsekuchen	Halloumi-Taler
Seite 50	Seite 76	Seite 108	Seite 94
Kokoscurry mit Blumenkohlreis	Zucchini-Hack-Lasagne	Kalbsfilet mit Antipasti-Gemüse	Kräutersuppe mit Gemüsechips
Seite 106	Seite 42	Seite 48	Seite 116
1084 kcal	1404 kcal	1266 kcal	1379 kcal
47 g	50 g	48 g	38 g

WOCHE #2

Weiter geht es mit soften Maiswaffeln und Guacamole zum Frühstück, heißem Curry und genialer Blumenkohlpizza – wie ihr seht: Soulfood geht auch Low Carb!

	MONTAG	DIENSTAG	MITTWOCH
FRÜHSTÜCK	2 Scheiben Eiweißbrot mit Fleischsalat Seite 142/140	Grüner Power-Mix Seite 226	2 Maiswaffeln mit Guacamole Seite 214
MITTAG	Puten-Kokos-Curry Seite 58	Spinat-Bowl mit Tofu Seite 98	Karottensuppe mit Blumenkohlrösti Seite 128
ABENDESSEN	Blumenkohlpizza mit Parmaschinken Seite 64	Auberginenauflauf Seite 102	Ofenkoteletts mit Gemüseallerlei Seite 62
KCAL	1411 kcal	957 kcal	1271 kcal
KH	33 g	64 g	61 g

SMARTE SATTMACHER

Üblicherweise sind es Kohlenhydrate, die satt machen. In dieser Woche bekommt ihr diverse raffinierte Alternativen aufgezeigt, die satt und so auch zufrieden und glücklich machen. Hier kommen leckere Gerichte mit reichlich Proteinen in Form von Fleisch, Fisch und Meeresfrüchten sowie guten Fetten, frischem Gemüse und auch Gebäck mit smarten Mehlvarianten.

DONNERSTAG	FREITAG	SAMSTAG	SONNTAG
Erfrischungs-Frühstück	2 Thunfisch-Muffins	2 Scheiben kerniges Nussbrot mit Rote-Bete-Creme	Parmesan-Omelett mit Würstchen
Seite 26	Seite 212	Seite 134/142	Seite 28
Gedämpfter Kabeljau auf Rahmgemüse	Zitronen-Hähnchen mit Kräutern	Kräftigender Bohnensalat	Quinoa-Hackbällchen mit Salat
Seite 84	Seite 44	Seite 158	Seite 174
Hüttenkäsetaler mit Tomaten und Steaks	Bunter Käse-Wurst-Salat	Kürbis-Pancakes mit Kräuterquark	Zucchini-Quiche mit Schinkenwürfeln
Seite 52	Seite 160	Seite 104	Seite 54
1481 kcal	1217 kcal	992 kcal	1954 kcal
43 g	28 g	48 g	36 g

WOCHE #3

Cremige Suppen, Ofengerichte und pikantes Gemüse stehen auf dem Plan. Einige Rezepte ergeben genug für zwei Tage – ihr könnt also auch mal einen Kochdurchgang aussetzen!

	MONTAG	DIENSTAG	MITTWOCH
FRÜHSTÜCK	2 Scheiben kerniges Nussbrot mit Rote-Bete-Creme Seite 134/142	Cloud Eggs mit Avocado Seite 22	Exotische Smoothie-Bowl Seite 222
MITTAG	Gegartes Gemüse mit Garnelen Seite 88	Gedämpftes Schweinefilet mit Bohnen Seite 68	Scharfes Blumenkohlcurry Seite 96
ABENDESSEN	Kräutersuppe mit Gemüsechips Seite 116	Mini-Blumenkohlpizzen Seite 92	Griechischer Bauernsalat Seite 162
KCAL	1323 kcal	1555 kcal	1097 kcal
KH	63 g	64 g	52 g

BESSER ALS FAST FOOD

Gut vorbereitet in die Woche zu starten hilft dabei, auch den Verführungen unterwegs zu widerstehen. Überlegt euch, welche Speisen ihr im Verlauf eines Tages immer gern esst oder sonst gekauft habt, und bereitet die Low-Carb-Variante davon selbst zu. Belegte Brötchen, Muffins oder Pizza könnt ihr nämlich gesünder und mindestens genauso lecker selbst zubereiten und zum Lunch einfach kurz erwärmen.

DONNERSTAG	FREITAG	SAMSTAG	SONNTAG
Porridge mit Beeren	2 Scheiben Bananen-Hafer-Brot	2 Scheiben Samenbrot mit Eier-Tomaten-Aufstrich	Pfannkuchenturm mit Mascarponecreme
Seite 16	Seite 136	Seite 144	Seite 20
Kalte Tomatensuppe mit Meerrettichschaum	Ratatouille mit Kabeljau	Chili-Bohnen-Salat	Spitzkohlsuppe mit Fleischbällchen
Seite 126	Seite 80	Seite 164	Seite 114
Schweinemedaillons mit Rahm-Spitzkohl und Pilzen	Asiatischer Karotten-Kohlrabi-Salat	Hühnerfrikassee mit Kohlreis	Spinat-Quiche mit Speck
Seite 38	Seite 170	Seite 40	Seite 66
1221 kcal	1233 kcal	1380 kcal	1513 kcal
47 g	58 g	64 g	28 g

WOCHE #4

Erfrischende Shakes, würzige Brotaufstriche, heiße Aufläufe und deftige Fleischgerichte – in dieser Woche könnt ihr es euch so richtig gut gehen lassen!

		MONTAG	DIENSTAG	MITTWOCH
FRÜHSTÜCK		2 Scheiben Samenbrot mit Tomatenfrischkäse und Avocado Seite 144/148	2 Bacon-Muffins mit Spinat, Erbsen und Ei Seite 30	Kokos-Mandel-Porridge mit Chiasamen Seite 32
MITTAG		Kalbsfilet mit Antipasti-Gemüse Seite 48	Gulasch mit Wurzelstampf Seite 60	Lachsfrikadellen mit Gurkensalat Seite 82
ABENDESSEN		Frischkäsekuchen Seite 108	Lauwarmer Romanescosalat Seite 166	Chicken-Drumsticks mit Coleslaw Seite 70
KCAL		1270 kcal	1178 kcal	1618 kcal
KH		50 g	49 g	42 g

EIGENE WOCHENPLÄNE

Bestimmt werdet ihr mittlerweile eine Veränderung wahrgenommen haben. Und inzwischen habt ihr reichlich Einblicke in die Low-Carb-Ernährung bekommen und herausgefunden, was euch besonders gut schmeckt, was euren Heißhunger stillt und was ihr ab jetzt dauerhaft in eure Küche übernehmt. Nach dieser Woche könnt ihr auch eure eigenen Wochenpläne mit euren Favoriten erstellen. Viel Spaß dabei!

DONNERSTAG	FREITAG	SAMSTAG	SONNTAG
Apfel-Mandel-Shake	Quark-Körner-Brötchen mit Eier-Tomaten-Aufstrich	Gelber Mango-Lassi mit Kokosmilch	Quark-Körner-Brötchen mit deftigem Hüttenkäse
Seite 224	Seite 138/144	Seite 228	Seite 138/150
Kartoffelcremesuppe mit Senf und Setzei	Blumenkohl-Zucchini-Salat	Zoodles mit Garnelen und Soße	Thunfisch-Spinat-Auflauf
Seite 124	Seite 168	Seite 74	Seite 86
Bratwurstsalat	Tomate-Mozzarella-Hähnchen mit Brokkolisalat	Blumenkohlpizza mit Parmaschinken	Fisch-Minestrone
Seite 172	Seite 56	Seite 64	Seite 118
1173 kcal	1598 kcal	1098 kcal	1774 kcal
50 g	50 g	42 g	54 g

KURZANLEITUNGEN

Hier seht ihr auf einen Blick, auf welche Weise ihr eure Grundzutaten verarbeiten könnt und welche Stufeneinstellung dafür jeweils die richtige ist

PRODUKT	BASIS-FUNKTION	MENGE	FORM / HINWEIS	ZEIT + STUFE	Z.B. FÜR
Beeren	Entsaften	1.000 g + 700 g Wasser	Garkorb einhängen, Schale in Garkorb stellen, alle 15 Min. entstandenen Saft umfüllen	45 Min.	Varoma®	Stufe 2	Limonaden, Gelees
Butter	Luftig schlagen	200 g	Weich und in Stücken	2 Min.	Stufe 3	Luftigen Teig
Butter	Zerlassen	70 g	In Stücken	1 Min. 30 Sek.	80 °C	Stufe 1	Teig, Bestreichen
Eier	Eischnee	4 Eiweiß (+ 200 g Zucker)	Der muss absolut fettfrei sein! Mit eingesetztem Rühraufsatz	Stufe 3,5 ohne Zeiteinstellung unter Sichtkontakt schlagen, Zucker einrieseln lassen	Baiser
Eier	Luftig aufschlagen	4 Eier	Roh (ohne Schale)	1 Min.	Stufe 4	Biskuitteig
Essig	Aufkochen	300 g Weißweinessig + 100 g Zucker + 1.000 g Wasser + Gewürze	Weißweinessig	12 Min.	120 °C [TM31 bitte Varoma®]	Stufe 2	Sud für eingemachtes Gemüse
Fisch	Dampfgaren	500 g Fisch + 500 g Wasser	Filets	20–25 Min.	Varoma®	Stufe 1	Hauptspeise
Fisch	Zerkleinern	500 g	Angefroren, in Stücken	8 Sek.	Stufe 7	Frikadellen
Fleisch	Hacken	bis 300 g	Angefroren, in Würfeln (3 cm)	15 Sek.	Stufe 6, mit	Hackfleisch
Fleisch	Vermengen	400 g Fleisch + 1 EL Mandelmehl + 1 Ei + Gewürze	Hackfleisch	30 Sek.	Stufe 4	Hackbällchen
Fleisch	Dünsten	300 g	Hackfleisch	5 Min.	Varoma®	Stufe 1	Bolognese, Füllungen
Fleisch	Garen	4 Hähnchenbrustfilets + 500 g Wasser + ggf. 1 TL Gewürzpaste	im Ganzen, in Streifen oder in Würfeln	20–25 Min.	Varoma®	Stufe 2	Frikassee
Gemüse	Zerkleinern	700 g Gemüse	In Stücken	20 Sek.	Stufe 8	Würzpaste, Pesto
Gemüse	Einkochen	1.000 g Gemüse + 50 g Öl + Gewürze	Zerkleinert	10 Min.	120 °C [TM31 bitte Varoma®]	Stufe 2, dann 20 Min.	80 °C	Stufe 1	Ajvar, Aufstriche

PRODUKT	BASIS-FUNKTION	MENGE	FORM / HINWEIS	ZEIT + STUFE	Z. B. FÜR
Gemüse	Dämpfen	1.000 g Gemüse + 500 g Wasser + 1 TL Salz	In Stücken	13–30 Min. | Varoma® | Stufe 2	Eingemachtes und eingelegtes Gemüse, Aufstriche
Getreide	Mahlen	250 g	Ganze Getreidekörner	40 Sek. | Stufe 10	Feine Backwaren
Gewürze	Mahlen	Mind. 20 g	Körner	1 Min. | Stufe 10	Würzen von Speisen und Gebäck
Gewürzsalz	Zerkleinern	13 EL getrocknete Kräuter nach Belieben + 500 g Meersalz	Trocken und gut verschlossen lagern	10 Sek. | Stufe 10	Salatdressing, Kräuterquark
Käse	Zerkleinern	150 g	In Stücken	6 Sek. | Stufe 8	Gratins, Überbacken
Kaffee	Mahlen	250 g Kaffeebohnen	Bohnen	40 Sek. | Stufe 10	Kaffeepulver
Kaffee	Kochen	3–4 EL Kaffee + 1.000 g aufgekochtes Wasser	Kaffeepulver	7 Min. | 100 °C | Stufe 1	Kaffee
Knoblauch	Zerkleinern	Zehen (nach Belieben)	Geschält	5 Sek. | Stufe 5	Würzen von Speisen
Kokosnuss	Mahlen	200 g	Raspel	15 Sek. | Stufe 10	Teige
Kräuter	Zerkleinern	1 Bund/20 g	Frisch, entstielt	3 Sek. | Stufe 8	Würzen von Speisen
Marzipan	Mahlen, vermischen	100 g blanchierte Mandelkerne + 80 g Puderzucker + 10 g Rosenwasser	Auf Arbeitsfläche verkneten	Mandeln 10 Sek. | Stufe 10, dann restliche Zutaten 10 Sek. | Stufe 9	Torten, Deko
Milch	Erwärmen	200 g bzw. 1.000 g	Nach Belieben mit Kakaopulver	4 Min. | 80 °C | Stufe 2 bzw. 8 Min. | 80 °C | Stufe 2	Heiße Schokolade
Milch	Aufschäumen	200 g H-Milch (1,5 % Fett) + 1–2 Eiswürfel	Der muss absolut fettfrei sein!	Eis 10 Sek. | Stufe 10 zerkleinern, Milch zugeben, 4 Min. | Stufe 3,5 aufschäumen. Dann Schaum 3 Min. | 90 °C | Stufe 2 erwärmen	Latte macchiato, Cappuccino
Nüsse	Hacken, grob	200 g	Ganze Nusskerne	3 Sek. | Stufe 5	Nussrokant
Nüsse	Hacken, fein	200 g	Ganze Nusskerne	4 Sek. | Stufe 6	Teige
Nüsse	Mahlen	200 g	Ganze Nusskerne	12 Sek. | Stufe 7	Nussbiskuit, Gebäck
Nüsse	Zu Mus/Paste verarbeiten	400 g	Ganze Nusskerne	20 Sek. | Stufe 8, danach 2 Min. | Stufe 4	Nussmus, Aufstriche
Quark	Cremig rühren	500 g	Nach Wunsch mit 30 g Zucker und 40 g Mineralwasser	7 Min.	Desserts

PRODUKT	BASIS-FUNKTION	MENGE	FORM / HINWEIS	ZEIT + STUFE	Z.B. FÜR
Sahne	Steif schlagen	Ab 200 g	Mit eingesetztem Rühraufsatz	Stufe 3,5 ohne Zeiteinstellung unter Sichtkontakt	Tortenfüllung, Deko, Kuchenbeilage
Schokolade	Hacken, grob	200 g	Gefroren, in Stücken	4 Sek. | Stufe 6	Backen, Garnieren
Schokolade	Hacken, fein	200 g	Gekühlt, in Stücken	4–5 Sek. | Stufe 7	Backen, Garnieren
Schokolade	Pulverisieren	200 g	Gekühlt, in Stücken	10 Sek. | Stufe 8	Trinkschokolade
Schokolade	Schmelzen	200 g	Gehackt	5 Min. | 55 °C | Stufe 2	Deko
Schokolade	Zu Soße verarbeiten	100 g Zartbitterschokolade + 20–40 g Sahne	Gehackt	5 Min. | 80 °C | Stufe 2	Garnieren
Seitan	Dämpfen	Bis zu 600 g + 500 g Wasser	In Stücken	20 Min. | Varoma | Stufe 1	Beilage, Frikasse
Senfkörner	Mahlen	80–200 g	Körner	20–60 Sek. | Stufe 8–10	Würzen von Speisen
Senfkörner	Köcheln	200 g + 100 g Wasser + 275 g Essig + Gewürze	Gemahlen	5–15 Min. | 100 °C | Stufe 2	Senf
Tofu/Tempeh	Zerkleinern	400 g	In Stücken	4–5 Sek. | Stufe 6	Bolognese
Tofu/Tempeh	Anbraten	400 g + 20 g Öl	Zerkleinert	4 Min. | 120 °C [TM31 bitte Varoma®] | Linkslauf | Sanftrührstufe	Bolognese
Trockenfrüchte	Zerkleinern	50 g	Entsteint	5 Sek. | Stufe 6	Füllungen, Gebäck
Vanille	Zerkleinern	1 Vanilleschote + 200 g Zucker/Xylit/Erythrit	Schote halbiert	20 Sek. | Stufe 10	Gebäck, Vanillezucker
Zucker/Xylit/Erythrit	Pulverisieren	300 g	Der ⌑ muss trocken sein	45 Sek. | Stufe 10	Zuckerguss
Zwiebel	Zerkleinern	1–6 Zwiebeln	Halbiert	4–6 Sek. | Stufe 5	Würzen von Speisen
Zwiebel	Dünsten	Bis zu 3 Zwiebeln + 20 g Öl	Zerkleinert	3 Min. | 100 °C | Stufe 2	Soße
Zwiebel	Köcheln	500 g Zwiebeln + 130 g Zucker + 200 g Essig + Gewürze	Zerkleinert und gedünstet	25 Min. | 100 °C | ⟳ | Stufe 1 ohne Messbecher	Chutney

REZEPTREGISTER

A
Apfel-Mandel-Shake	224
Apfel-Zimt-Quark, aromatischer	184
Auberginenauflauf	102

B
Bacon-Muffins mit Spinat, Erbsen und Ei	30
Bananen-Hafer-Brot	136
Bananen-Pancakes mit Erdnussbutter	24
Bananen-Sesam-Kekse	194
Bauernomelett	100
Bauernsalat, griechischer	162
Blitz-Pizza	201
Blumenkohlcurry, scharfes	96
Blumenkohl „reis"	90
Blumenkohl-Zucchini-Salat	168
Blumenkohlpizza mit Parmaschinken	64
Bohnensalat, kräftigender	158
Bratwurstsalat	172
Brombeer-Pannacotta	186

C
Chia-Mandelmilch-Pudding mit Obstpüree	18
Chicken-Drumsticks mit Coleslaw	70
Chili-Bohnen-Salat	164
Chorizo-Muffins aus dem Varoma®	202
Cloud Eggs mit Avocado	22
Curry-Sellerie-Pommes	210

D
Dinkel-Walnuss-Schnecken	192

E
Eier-Tomaten-Aufstrich	144
Eistee	201
Eiweißbrot	142
Eiweißbrot, süßes	146
Erfrischungs-Frühstück	26

F
Fischgewürz	72
Fisch-Minestrone	118
Fleischgewürz	37
Fleischsalat	140
Frischkäsekuchen	108
Fruchtjoghurt	14

G
Gemüse mit Garnelen, gegartes	88
Gemüse-Gewürzpaste	112
Gewürz-Zander mit Knollengemüse	76
Gulasch mit Wurzelstampf	60

H
Hackbraten mit Topinamburstampf, mediterraner	46
Halloumi-Taler	94
Hollandaise, leichte	73
Honig-Senf-Nüsse	206
Hühnerfrikassee mit Kohlreis	40
Hüttenkäse, deftiger	150
Hüttenkäsetaler mit Tomaten und Steaks	52

J
Joghurtmousse mit Apfel-Birnen-Kompott	178

K
Kabeljau auf Rahmgemüse, gedämpfter	84
Kalbsfilet mit Antipasti-Gemüse	48
Karotten-Kohlrabi-Salat, asiatischer	170
Karotten-Kokos-Bites, süße	216
Karottensuppe mit Blumenkohlrösti	128
Kartoffelcremesuppe mit Senf und Setzei	124
„Kartoffelsalat" aus Kohlrabi	156
Käse-Wurst-Salat, bunter	160
Ketchup, zuckerfreier	10
Kohlrabi mit Porree-Champignon-Rahm	110
Kohlrabicremesuppe mit Räucherlachs	122
Kohlsuppe mit Garnelen	130
Kokos-Erdbeer-Törtchen	182
Kokos-Mandel-Porridge mit Chiasamen	32
Kokoscurry mit Blumenkohlreis	106
Kokosmakronen	234
Kräutercremesuppe mit Gemüsechips	116
Kräuterdressing	155
Kürbis-Pancakes mit Kräuterquark	104

L
Lachs mit Gurkensalat und Kräuterremoulade	78
Lachsfrikadellen mit Gurkensalat	82
Limonade mit Sirup	10
Low-Carb-Biskuit	189
Low-Carb-Cheesecake	198
Low-Carb-Knäckebrot	133
Low-Fat-Mayonnaise	10
Lowtella	132

M
Maiswaffeln mit Guacamole	214
Mandelmus, cremiges	14
Mandelwaffeln	188
Mango-Lassi mit Kokosmilch, gelber	228
Marzipankartoffeln	230
Mini-Blumenkohlpizzen	92
Müslicrisps, kernige	200

N
Nullo-Konfitüre	146
Nussbrot ohne Mehl, kerniges	134
Nuss-Lebkuchen	238

O
Ofenkoteletts mit Gemüseallerlei	62
Omelett, kunterbuntes	34
Orangenplätzchen	240

P
Paprika-Aufstrich	152
Parmesan-Chips	201
Parmesan-Omelett mit Würstchen	28
Pfannkuchenturm mit Mascarponecreme	20
Pizzaboden mit Mandelmehl	91
Pizzaboden mit Sojamehl	91
Porridge mit Beeren	16
Power-Mix, grüner	226
Pumpernickel-Energy-Balls	204
Puten-Kokos-Curry	58

Q
Quark-Körner-Brötchen	138
Quinoa-Hackbällchen mit Salat	174

R
Ratatouille mit Kabeljau	80
Ratzfatz-Tofu-Sushi	208
Romanescosalat, lauwarmer	166
Rote-Bete-Creme	142
Rote-Bete-Schoko-Tarte ohne Mehl	190

S
Samenbrot	144
Schoko-Bars	196
Schwarze-Johannisbeeren-Smoothie	220
Schweinefilet mit Bohnen, gedämpftes	68
Schweinemedaillons mit Rahm-Spitzkohl und Pilzen	38
Seitan selbst mixen	91
Smoothie-Bowl, exotische	222
Spinat-Bowl mit Tofu	98
Spinat-Hack-Suppe mit Frischkäse	120
Spinat-Quiche mit Speck	66
Spitzbuben mit Mandelmehl	242
Spitzkohlsuppe mit Fleischbällchen	114
Spritzgebäck	236

T
Thunfisch-Muffins	212
Thunfisch-Spinat-Auflauf	86
Tomate-Mozzarella-Hähnchen mit Brokkolisalat	56
Tomatenfrischkäse mit Avocado	148
Tomatensuppe mit Meerrettichschaum, kalte	126

W
Walnussbrot	140
Wassermelonen-Kiwi-Popsicles	180
Wintergewürz	231

Z
Zimtsterne	232
Zitronen-Hähnchen mit Kräutern	44
Zoodles mit Paprika-Bolognese	50
Zoodles mit Garnelen und Soße	74
Zucchini-Hack-Lasagne	42
Zucchini-Quiche mit Schinkenwürfeln	54
Zuckerguss	230

IMPRESSUM

„mein ZauberTopf mixt! Leichte Küche. Low-Carb-Rezepte für Thermomix®"
ist eine Publikation aus dem Hause falkemedia

Herausgeber
falkemedia GmbH & Co. KG,
K. A. Goukassian (v. i. S. d. P.)

2021 by falkemedia.
Alle Rechte vorbehalten.

„mein ZauberTopf" ist eine unabhängige Publikation aus dem Hause falkemedia und steht in keinerlei Verbindung zu den Unternehmen der Vorwerk-Gruppe. Die Marken „Thermomix®", „TM5®" und „Varoma®" sowie die Produktgestaltungen des „Thermomix®" sind eingetragene Marken der Unternehmen der Vorwerk-Gruppe. Für die Rezeptangaben in „mein ZauberTopf" ist ausschließlich falkemedia verantwortlich.

Copyright
Sämtliche Fotografien und Texte in diesem Buch unterliegen dem Copyright des Verlags falkemedia GmbH & Co. KG. Jede Vervielfältigung, Speicherung und Wieder- bzw. Weitergabe der Inhalte, auch nur auszugsweise, ist nur mit schriftlicher Genehmigung des Verlags erlaubt. Eine Vervielfältigung oder Verwendung von Fotos und Texten in anderen elektronischen oder gedruckten Publikationen ist ohne ausdrückliche Zustimmung des Verlags nicht erlaubt.

Haftungsausschluss
Für Fehler im Text, in Schaltbildern, Aufbauskizzen usw., die zum Nichtfunktionieren führen, wird keine Haftung übernommen.

Datenschutz
Jürgen Koch
(datenschutzanfrage@falkemedia.de),
falkemedia GmbH & Co. KG, Abt. Datenschutz, An der Halle 400 #1, 24143 Kiel

Fotos | iStock / Getty Images Plus: S. 13/adekvat, Vasilyevalara, Evgeniya_Mokeeva, Lesia_G, ilyakalinin, Alice Vacca, Maglara; S.21/Metkalova; S.43/Mariha-kitchen; S.90/nata_vkusidey, /marco mayer(2), Christy Liem; S.174/Kiian Oksana; S.188/AlexStar; S.198/Plus/beats3; S.200/Edalin; S.201/Arx0nt; S.218/dionisvero; S.230/etienne-voss, HandmadePictures, ma_rish | **Shutterstock.com:** S.10/Tim UR; S. 13/pking4th, TabitaZn; S.181/JeniFoto; S.187/thefoodphotographer; S.218/Robyn Mackenzie; S.220/Gorenkova Evgenija, S. 230/OLENA KUZNIETSOVA | **Sonstige:** S.36/Stasher; S.72/Mixcover; S.73/iStockphoto.com/barol16; S.113/Wundermix; 133/Morten Looft; S.176/hs-drucke.de; S.188/Unsplash.com/mae mu; S.188/iStockphoto.com/Floortje; S.230/E+, Alina555 |
Illustrationen | iStock/Getty Images Plus: S.9/robuart; S.10/mayrum; S.12/Tetiana Lazunova; S.13/adekvat, pking4th(2), slyevalara(2), Lesia G, ilyakalinin, Evgeniya_Mokeeva, Alice Vacca, S.14/ThitareeSarmkasat; S. 132/ThitareeSarmkasat; S.154/Olga Peschkova, Atto Stock; S.176/bsd555 | **Shutterstock:** S.37/Natalya Levish; S.90/Alexandra Dikaia; S.112/Cute Designs Studio, Alexandra Dikaia; S.219/ModoOltre(2), Alexandra Dikaia, Nattika | **Sonstige:** falkemedia; Archiv | **Seite 12:** DGExpert

Redaktion
Vivien Koitka (Chefredakteurin),
Hannah Hold, Charlotte Heyn,
Tanja Lindauer, Svenja Rudolf,
Vera Schubert, Alexandra Jürgensen
(Red.-Assistenz)

Food-Fotografie
Frauke Antholz, Tina Bumann,
Sabine Büttner, Anna Gieseler,
Sophia Handschuh, Kathrin Knoll,
Katharina Küllmer, Ira Leoni, Thomas Neckermann, Nicky & Max, Désirée Peikert

Lektorat
SchlussBlick

Grafik und Bildbearbeitung
Lisza Lange, Lara Klemm,
Nele Witt, Sara Wegner

Verlag
falkemedia GmbH & Co. KG
An der Halle 400 #1, 24143 Kiel
Tel. (0431) 200 766-00
Fax (0431) 200 766-50
HRA 8785 Amtsgericht Kiel

www.falkemedia.de
www.zaubertopf.de

Druck
optimal media GmbH
www.optimal-media.com

1. Auflage Januar 2021
ISBN: 978-3-96417-119-1

SO LEICHT GEMIXT GEHT'S NUR MIT THERMOMIX®